玉林师范学院教师教育工作优秀理念和科学思维探索成果系列丛书

GAOZHI JIAOSHI
JIAOXUE SHIJIAN YANJIU

高职教师教学实践研究

主　编 ◎ 杨一笔
副主编 ◎ 何　婵　于杰

西南交通大学出版社
·成都·

图书在版编目（CIP）数据

高职教师教学实践研究 / 杨一笔主编. —成都：西南交通大学出版社，2016.7

（玉林师范学院教师教育工作优秀理念和科学思维探索成果系列丛书）

ISBN 978-7-5643-4755-0

Ⅰ. ①高… Ⅱ. ①杨… Ⅲ. ①高等职业教育 – 教学研究 Ⅳ. ①G718.5

中国版本图书馆 CIP 数据核字（2016）第 142845 号

玉林师范学院教师教育工作优秀理念和科学思维探索成果系列丛书

高职教师教学实践研究

主编　杨一笔

责任编辑	梁　红
封面设计	严春艳
出版发行	西南交通大学出版社 （四川省成都市二环路北一段 111 号 西南交通大学创新大厦 21 楼）
发行部电话	028-87600564　028-87600533
邮政编码	610031
网　　址	http://www.xnjdcbs.com
印　　刷	成都蜀通印务有限责任公司
成品尺寸	185 mm × 260 mm
印　　张	9.75
字　　数	196 千
版　　次	2016 年 7 月第 1 版
印　　次	2016 年 7 月第 1 次
书　　号	ISBN 978-7-5643-4755-0
定　　价	28.00 元

玉林师范学院教师教育工作优秀理念和
科学思维探索成果系列丛书

编 委 会

总 序

教育是一种社会现象，是人类社会的一种重要实践活动。它随人类的产生而出现，并随人类社会的变迁而发展。学校教育是教育发展到一定阶段的产物，既是近代科学革命和工业革命对大量人才渴求的必然要求，又是教育自身制度化、世俗化、系统化和专业化的结果。教师教育是学校教育的一种特殊类型，是现代教育持续发展的工作母机。师范院校是高等教育机构的重要构成，更是承载教师教育使命的主体机构。因此，“寄居”于师范院校的教师教育工作者，总结教师教育的发展经验，探寻教师教育的发展趋势，揭示教师教育的发展规律，既是一种责任担当，更是一项光荣使命。

作为我国师范院校的一员，玉林师范学院的办学历史最早可以追溯到1945年创建的广西省立鬱林师范学校，师道传承七十余载，源远流长。以师范立校，以师范兴校。学校在升格为本科院校之前，因“为基础教育培养合格师资，方向明确，成绩显著”，成为全国26所受到国家教委表彰的师范专科院校之一，也是广西唯一获此殊荣的师范专科院校。2000年，玉林师范学院升格为本科院校以来，面对市场经济的不断冲击，仍然始终坚守师道传承，对自身进行准确定位：把学校办成以培养义务教育阶段的师资为主要目标，达到较高水平的教学型地方本科师范院校。2012年6月，学校召开第三次党代会，在本次会议上确定了“师范性、地方性、应用性”的发展目标，以“师范性”作为学校的办学特色，“地方性”作为学校的办学定位，“应用性”作为人才培养的目标定位。2015年，在综合改革和转型发展的背景下，学校重新调整了办学定位的表述，即“地方性、应用型、师范性”。尽管如此，“师范性”仍然是学校发展的重要坚守点，是学校办学特色和优势所在。目前，学校有师范类专业29个，覆盖了学前、小学、初中等基础教育以及职业教育等各个阶段的教师教育；在校师范生的规模和比例在全区高校中位居前列，在校生17 418人，其中师范生10 733人，占全部在校生的61%。

进入21世纪以来，学校解放思想，抢抓发展机遇，开拓创新，认真贯彻落实“规模发展与内涵提升并重、硬件建设与软件建设并重、特色培育与整体质量提高并重、自主创新能力和可持续发展能力并重”的发展思路，遵循高等教育发展规律，着力整合各类资源，全面实施人才兴校、人才强校工程，启动综合改革，推动转型发展，优化学科结构，努力探索培养义务教育阶段基础教育师资的新模式，大力发展与地方经济社会发展紧密结合的应用型专业，坚持“地方性、应用型、师范性”的办学定位，朝着“努力建成国内知名、区内领先、以教师教育为特色的地方应用型高水平大学”目标奋进。

乘着综合改革和转型发展的春风，学校积极探索和创新人才培养模式，开设“挂榜班”“卓越班”，加强卓越人才培养，“挂榜班”“卓越班”学生成绩优异；开展实践教学改革，推进顶岗实习、混编实习等模式，提高专业实习效果；坚持以赛促练，以练促学，定期举办师范生教学技能大赛、板书大赛等，组织学生参加自治区级、国家级乃至世界级的比赛并屡创佳绩。与此同时，学校各师范专业的教师教育工作者，根据自己的研究兴趣，围绕自己的学科专业领域，选定相关研究主题，积极开展研究，取得了令人欣喜的成绩。

这套丛书就是学校教师教育工作者相关研究成果的一次集中展示。它既彰显了鲜明的时代特征，也反映了学校教师教育发展的基本轨迹，还表达了教师教育工作者的理想与期望。当然，由于时间仓促、作者水平有限，本丛书肯定还存在一些不足之处，恳请各位专家、读者批评指正！

编委会

二〇一六年三月

序

呈现在大家面前的这本论文集，是由玉林师范学院职业技术教育领域的一支骨干教师撰写。这一支队伍中有教授、副教授、讲师及助教，也有博士、硕士，涉及艺术、旅游、经济、电子等专业领域的教师。他们在玉林师范学院从事职业教育，一直致力现代职业技术教育制度、人才培养模式以及教育教学手段方法的研究，取得了优良成绩，受到了社会、同行及学生的好评。对于玉林职业技术教育近30年来所取得的成果，他们是见证者，也是参与者。这本论文集中的探索研究和感受体会正是他们在职业技术教育工作中积累的丰富经验，是玉林职业技术教育在发展过程中凝聚的闪光点。

当前，我国职业技术教育面临着诸多问题。

一是社会对高等职业技术教育的认识不足、认同不够。高等职业技术教育是国民经济和社会发展的重要基础。推进高等职业技术教育的改革与发展是实施科教兴国战略、促进经济和社会可持续发展、提高国际竞争力的重要途径，是调整经济结构、提高劳动者素质、加快人力资源开发的必然要求，是拓宽就业渠道、促进劳动力就业和再就业的重要举措。可是，社会对高等职业技术教育在认识上存在着偏差，认为本科教育与高等职业技术教育是两个不同的层次，而不是两个不同的类别，存在“重普通教育、轻职业教育”“重文化知识、轻技能培养”的倾向，导致每年高职学校难以完成招生指标。但是，社会经济的发展对职业技术人才需求非常大。这样便出现了矛盾，国家需要与个人选择不一致。

二是高等职业技术教育与经济建设结合不到位。高等职业技术教育的发展离不开行业企业。但由于理念不清晰，一些行业主管部门、企业往往出于对自身眼前的经济利益的考虑，不愿意与高职院校建立较紧密的产学研合作，高职大学生的顶岗实习面临困难。甚至出现企业向学生或院校收取实习费用，或大学生已经为企业创造一定的经济利益而企业不愿支付基本工资或基本的生活费用的现象。

三是办学模式无法适应经济社会的发展。许多高职院校尤其是从中专升格而来的高职院校，在办学理念、专业设置、师资队伍建设、教学内容、教学方法、管理体制等方面，尚未遵循“以服务为宗旨，以就业为导向”的要求，没有探索出适合经济社会发展的办学模式，创新能力有待进一步提高。

当然，还有许多别的原因制约着我国职业技术教育的发展。面对这些问题，近年来，我院从事职业教育的教师用热情与梦想，积极探索着职业技术教育的规律，创新教学方法手段，开拓职业技术教育的新思路，在教学过程中努力实践，反复研究。论文集里的每一篇文章都记录了他们探索的过程、其中的艰辛和结出的硕果。

论文集中很多作者都是年轻的教师，他们积极参与到教学研究中，努力将自己有限的教学经历或技能实践中闪耀着思想火花的精华表述出来，因此，这本论文集带着清新的探索气息。论文集涉及的内容广泛，有的论文侧重于介绍职业教育理论运用情况，包括课程建设、模块化教学方式和课堂教学评价等诸多方面；有的论文则注重对职业教育技术提升方面进行研究，又或者是实习教学中的某个具体环节的见微知著等。多种类型的作品珠联璧合、相映生辉，使得论文集景象万千。论文作品彰显了职业技术学院自主创作、结合实际探索研究的教研风格。透过论文集的字里行间，可以清晰地感受到作者们背后的艰辛。

作为职业技术教育的直接实践者，本人在工作之余也经常撰写论文，近年亦有数篇拙作获得省级以上奖励。在撰写论文的过程中，本人最大的体会是撰写论文可以促使自己对一个问题进行透彻的研究，丰富内涵，提高自身的教学水平。

这本论文集的出版得到了杨丁友教授的大力支持，他花了大量的时间和精力审稿、校对；闫波老师也付出了辛勤的劳动，他对书稿版面进行了整理，在此对他们表示感谢！

是以为序。

编　者

2016年2月

目　录

第一部分　教学研究篇

任务驱动教学法在高等教育美术课程教学中的运用……杨一笔/3
艺术院校旅游管理专业课程体系建设研究
——以广西艺术学院为例……于　杰/7
高职服装设计专业课程成绩多元统计分析……何　婵/14
东部产业转移与广西高职院校人才培养模式的思考……陈玉梅/20
基于 Chord 的聚合查询研究……谭　玻/26
基于案例与项目的 VB.NET 课程教学模式的研究……牛喜栓/31
论服装教育毕业综合考核的形式……曾　霞/37
探讨壮族传统元素在“服装设计”课程教学中的应用……马　健　覃曼琳/40

第二部分　文化艺术篇

倪云林逸格山水画成因分析……杨一笔/47
浅谈岭南古民居建筑装饰艺术
——以广西桂东南高山村为例……杨一笔　李　薇/52
美术作品比赛活动与美术创作课的关系研究……杨一笔/59
再谈倪云林山水画的“逸笔”……杨一笔/64
庆阳香包的纹样造型与艺术特色研究……李　薇/70
瑶族民俗文化与设计分析……李　薇/75

第三部分　行业实践篇

国外自助服务研究综述……于　杰/83
基于结构设计研究的领子造型要素分析……何　婵/90
基于旅游产品层次性和守门人理论的广州文化旅游开发策略……于　杰/96

服装 CAD 应用优缺点探究……曾霞金枝/104
高职学生综合技能训练与企业结合的研究与实践……张颖/108
广西少数民族服饰文化资源的旅游价值及开发初探……何素珩/112
浅析壮族服饰元素在现代设计中的运用研究……王玥/117
市场经济条件下我国文化遗产保护与开发的利弊权衡……于杰/122
浅谈导游薪酬制度……唐彰元/129
男衬衫袖口结构的研究……曾霞金枝/134
腹凸特殊体型裤子结构修正……王玥/139
小议高职服装设计专业的实践教学改革
——以玉林师范学院职业技术学院为例……王玥/143

第一部分

教学研究篇

任务驱动教学法在高等教育美术课程教学中的运用

杨一笔

【摘　要】在美术专业各种课程的教学中，特别是实践性很强的课程，任务驱动教学方法是很常用且很有效的教学方法，其作用是其他教学方法无法替代的。本文就任务驱动教学法在高等教育美术课程教学中的运用方面存在的一些关键性问题进行分析研究。

【关键词】美术课程　任务驱动　教学法

高等教育美术类专业所开设的所有专业课程，包括专业基础课、研究方向课、专业必修课、专业选修课等的实践性都非常强，举办有美术专业的高校都非常重视绘画训练等实践教学，都会安排较大比重的实验（通过绘画训练验证绘画原理和探索绘画技巧）学时来实施。由于美术专业实践教学的质量直接影响学生的学习积极性及学习效果，甚至直接影响学校办学能力和专业的发展，很多学校对这类以训练为主的实践课程都非常重视。目前，各高校的这类课程主要通过以验证性或探索性绘画训练为主的单元练习的方式进行。

任务驱动教学法是一种建立在建构主义教学理论基础上的教学法，即在学习过程中，学生在教师的帮助下，紧紧围绕一个共同的任务，在强烈的问题动机的驱动下，通过对学习资源的主动应用，进行自主探索和互动协作的学习，并在完成既定任务的同时，引导学生产生一种学习实践活动。教师的教学与学生的学习都是围绕着一个目标、基于几项任务来完成的，这种教学法着重培养学生的主动学习能力、独立分析问题和解决问题的能力，尤其适合实践性较强的课程的教学。任务驱动是实施探究式教学模式的一种教学方式，也是一种学习方法。高等教育的美术专业所开设的所有专业课程都是实践性很强的课程，旨在通过实训去探究美术理论以及掌握美术技能，教学方式又以完成单元任务目标的模式进行。因此，任务驱动教学法在高等教育的美术专业所开设的所有专业课程教学中应得到足够的重视和应用。

在美术课程中运用任务驱动教学法进行教学时，教师要把教学任务设计成一个或多个具体的、与实际相关联的技术支持点，将抽象美术的理论知识转变为生动的技术要点，这样有利于学生理解和掌握所学知识，培养学生解决问题的能力和创新能力。

在教学应用过程中，关键抓好五个教学环节，即任务设计、学生实践、教师指导、任务评估、任务整改，注意在各个教学环节中容易出现的问题，本文主要是就这些问题作一些粗浅探讨。

1. 任务设计

单元目标形式，就是教师在总体学习目标的框架下，把总目标细分成一个个的小目标（单元目标），并把每一个学习模块的内容细化为一个个容易掌握的"任务"，通过这些小的"任务"来体现总的学习目标。比如，大多数院校都把素描这一专业基础课程分解成"石膏素描""静物素描""风景素描""人像素描"等若干个任务单元，有些院校或有些专业分得更细，比如把"人像素描"又分为"头像素描""半身素描""全身素描"或"着衣素描""人体素描"等，当然，"人体素描"还可以细分。

将任务合理科学地细化是任务设计的关键。细化任务要以学生成长的需要、学科的要求为依据，不能照抄照搬。同一门课程在第一学期开设或第二学期开设，要求是不一样的；不同的专业开设要求也不一样。当下有一种现象非常值得反思，就是在设计"任务"时，新办院校照搬老牌院校，一般院校照搬名牌院校，师范院校照搬专业院校。还有一种情况是某所学校的教学管理者照搬几年前甚至十几年前母校的那一套。这种"全盘照搬"的现象大概就是造成"千校一面"的病根。

在设计"任务"时，要科学地处理"双基"目标与能力目标的关系。传统的基础性学科比较注重基础知识和基本技能目标的培养，现代的美术人才则需要在关注"双基"目标的基础上，向能力目标倾斜。因此，美术课程要求学生在观念的更新和能力的创新上多下功夫。尤其是对于大三、大四的学生来说，此时的他们已具备一定的美术基本功，但还需要发展独到的鉴赏能力和创作美术作品的能力。

有一个问题值得注意，那就是"因材施教"。要针对不同学生的基础状况、认知特点、接受能力的差异来分层次设定学习目标；要设计具有一定容量、一定梯度的不同"任务"，在所有学生完成基础目标对应的"小任务"的同时，指导一部分能力较强的学生继续完成开放性的任务。因此，在美术教学中采用小班制、小组制、个别辅导的模式是非常有必要的，可以有针对性地完成不同任务。

2. 学生实践

美术专业的学生主要通过美术训练来完成学习任务和达到学习目的，美术理论的验证与创新、美术技巧的掌握与运用、美术技法的继承与创新、美术观念的更新与发展，以及创作能力的提高、审美情趣的把握与作品风格的形成等，都必须通过学生的实践才能做到。因而学生实践是至关重要的，当然，学生实践离不开教师的指导。

关于学生实践，有几个问题需要注意。一是要让学生带着问题与任务进行实践，换句话说，学生动手的同时还要动脑。二是技法的训练要遵循由浅入深原则，必须学习经典作品中的传统技法。三是艺术风格上鼓励求同存异。求同存异，就是在学生完成目标任务的过程中，在符合艺术规律、审美规律的基础上，允许并且鼓励艺术风格个性的张扬，这是很重要的。没有艺术风格个性化的追求，便没有艺术，但这个“个性的风格”必须是美的、健康向上的，代表着先进的文化样式。没有长期的训练，没有刻苦的训练，所有的美术技能技法都不能掌握。美术课程教学也就失去了意义。

3. 教师指导

这是教师怎样“教”的问题。任务驱动的一个很重要的特点就是学生在完成任务的这一目标的驱动下自己去探索学习从而达到完成技能的培养这个目的。所以，在教学中教师起主导作用，学生是教学的主体。教师是任务的提出者、学生完成任务的指导者，学生是任务的主人。

教师在授课时，要将任务定为学生必须完成的任务和有能力的学生完成的任务；在训练时，要求学生必须掌握的技能及理论知识，教师要统一要求、统一传授。在完成情况较好的基础上，对有能力、有兴趣的学生要另外设计更高要求的任务内容。

在方法上，教师不要直接告诉学生应当如何去解决面临的问题，而是向学生提供解决该问题的有关线索，提供各种相关信息，或者告诉学生哪一种艺术风格、哪一种艺术流派是如何解决类似问题的，或者怎样搜集哪一类资料，从何处获取有关的信息资料等，强调发展学生的 “自主学习”能力。同时，倡导学生之间的讨论和交流，通过不同观点的交锋、碰撞，修正和加深每个学生对当前问题的理解。

4. 任务评估

这是对学生所完成任务、所达到目标的评价过程。学生将任务的完成情况（可能是作品，也可能是文字）展示出来，接受受众的评价。在课堂教学中，这个“受众”包括教师，也包括学生。教师在任务评价过程中的作用相当重要。教师针对学生学习的状况给出细致的评判，指出哪些方面可取，哪些方面需要改进，同时提出合理的建议。同时，同学的肯定也是必不可少的。有时同龄人观念接近，艺术的闪光点会更多，给出的意见或许更实在、更有用。自我评价环节不容忽视。学生通过任务评价这一过程不但了解了自己的任务完成情况，而且通过大家的评判讲解也有了一定的提升。

评价的内容包括：通过学生展示的美术作品，判断其对新知识与新技法的理解、掌握、熟练应用的程度；同时，评估学生自主学习的能力和创新的能力等。评价时要特别注意鼓励学生。

评价要针对学生的学习过程进行。学生的作业一般都在课堂上完成，教师在课堂上授课，一方面传授知识技法，一方面辅导学生的练习，随时对学生完成作业的情况进行总结评价。可以说，教师一直指导着学生训练，一直见证着任务的一步步推进直至最后的完成。因此，对学生完成任务的过程的评价是教师评价的“重头戏”。在这个过程中，教师要观察学生在学习过程中参与完成目标任务时的观点、技能、协作、创新等方面的具体表现，真实地、客观地对学生做出评价。

除此之外，还要对学生作品进行评价。对学生完成任务所形成的作品进行评价，评价学生对知识和技法的掌握、应用情况，以及作品中所包含的创意。学生通过对学习任务的分析和对学习情境的有效利用，建构自己的思维模式，提出解决问题的办法，并以个人成果的形式出现，这时学生已经建立了自己的认知结构，但还不完善，必须通过对其学习成果的分析、评价，以达到完善认知结构、实现教学目标的目的。如在“石膏素描”一单元的教学小结时，首先，教师把收集起来的学生作品集中展示并加以分析，再让学生相互评价，然后由相关老师点评，最后由作者自评。在评价的过程中进一步地深化对石膏素描作品的理解，从而提高技法运用能力。

这几种评价的方式各有优势。个人自评，优点是能培养学生的自主意识；同学互评，优点是让学生学会欣赏别人和评价别人，在学习中竞争，在竞争中协作；教师点评，优点是体现了教师的主导作用，教师可以将在完成任务的过程普遍存在的问题提出来。

5. 任务整改

任务评估后，学生对课业中出现的问题进行分析总结，确定整改的方法目标，再着手整改。整改的主要目的就是让学生在总结修改中得到提高。

高等教育美术专业的课程教学，在精英教育阶段一般采用小班小组制，每个学习班多则十多名学生，少则三五名。高等教育大众化以后，高等学校美术专业的学生越来越多。大班化的教学对还是采用以单元内容为目标任务的驱动教学法提出了新的要求。不能总是以老办法解决新问题，应该灵活应用，具体问题具体分析。

在美术专业各种课程的教学中，特别是实践性很强的课程，任务驱动教学法是很常用且很有效的教学方法，其他教学方法无法替代。

参考文献

[1] 秦疏吕．浅谈“任务驱动”教学方法[J]．中国科技教育，2005（3）.

[2] 宁凡，施慧莉，徐迅成．基于“任务驱动”的教学方法研究[J]．中国科技信息，2007（15）.

艺术院校旅游管理专业课程体系建设研究

——以广西艺术学院为例

于　杰

【摘　要】在旅游消费市场不断发展的环境下，在文化大繁荣大发展的政策背景下，旅游与文化联姻已成为一种趋势。为抓住机遇，抢占市场，许多高等院校纷纷开设旅游管理专业。广西艺术学院是全国艺术院校中首个开设旅游管理专业的艺术院校，于 2011 年秋季招收了首届文化旅游策划与管理专业方向本科生，开创了全国艺术类院校开设旅游管理专业的先河。本研究主要探讨了艺术类院校旅游管理专业课程体系的建设，就艺术院校如何借助自身的特点与优势，开设具有艺术院校特色的旅游管理专业提出了一些建议。

【关键词】课程体系建设　艺术院校　旅游管理专业

一、问题的提出

2009 年 9 月 23 日，文化部和国家旅游局在北京举行新闻发布会，共同发布《关于促进文化与旅游结合发展的指导意见》。该意见按照科学发展观要求，对文化旅游结合的工作机制进行了安排。通过丰富和拓展文化内涵，不断满足游客更高层次的精神需求，提升旅游产业素质。借助旅游市场助推文化产业化发展，以旅游独特的宣传方式更好地传播中华文化，是文化和旅游合作共赢、实现发展目标的有效途径。2011 年 10 月 18 日，中国共产党第十七届中央委员会第六次全体会议通过了《中共中央关于深化文化体制改革 推动社会主义文化大发展大繁荣若干重大问题的决定》，该决定阐述了新形势下推进文化改革发展的重要性和紧迫性，提出了推进文化改革发展的指导思想、目标任务、重要方针，围绕建设社会主义文化强国和实现到 2020 年文化改革发展奋斗目标，围绕各地区各部门各方面普遍关注的重点问题，从 6 个方面作出工作部署、提出重大举措。这一重大决定提出了推动社会主义文化大发展大繁荣的指导思想，强调了加强文化产业大发展，犹如催化剂般推动了旅游与文化的联姻。

近年来，随着旅游管理专业本科教育的快速发展，综合性高校、师范和农业等专门性院校、高职高专等众多高等院校相继开设旅游管理专业。在旅游与文化联姻时代到来之际，为整合艺术院校的文化资源，培养满足社会需要的人才，广西艺术学院于 2011 年秋季招收了首届文化旅游策划与管理专业方向的本科生，开创了全国艺术类院校开设旅游管理专业的先河。相比综合性高校、高职高专等院校的旅游管理专业，以广西艺术学院为代表的艺术类院校所开设的旅游管理专业具有鲜明、独特的艺术学科特点。广西艺术学院文化旅游策划与管理专业方向挂靠文化产业管理专业，属于广西艺术学院文化产业管理专业下的一个本科教学方向，这与其他综合类高校与高职高专类院校的旅游管理专业在专业设置上有所不同。其人才培养目标定位为：依托艺术院校丰富的艺术教学资源，突出民族文化旅游特色，培养节庆旅游策划与管理、旅游演艺产品策划与管理的专门性人才，以满足人们日益增长的文化旅游消费需求以及“文化大发展大繁荣”的时代要求。基于上述人才培养目标，如何突出艺术院校的特点设置艺术院校旅游管理专业的课程体系是值得我们深思和探讨的问题。

二、艺术院校旅游管理专业课程体系设置

（一）课程体系的设置

课程体系是构建人才培养方案的核心内容，课程体系是否科学、合理，对高等学校高质量实现人才培养具有决定性的意义。[1]目前，全国很多高校都已开设旅游管理专业，然而大部分的综合类院校都以培养整个行业各方面的大众人才为培养目标，而与艺术结合，单独开设旅游演艺策划与管理以及节庆旅游策划与管理方面专业的院校还很少。在这方面，广西艺术学院拥有得天独厚的艺术资源。结合艺术学院的特点，本研究初步提出了由公共基础课、专业基础课、专业课以及实践教学课程四部分构成的课程体系，即以文化艺术类基础课程和管理类基础课程作为知识根基，以旅游管理专业知识的学习为主体，通过实践教学环节将书面化的文化旅游策划与管理的基本理论知识转化为行为化的策划和管理能力。具体课程设置如表 1 所示：

表 1　课程设置表

专业方向课程类别	课程名称
公共基础课	马克思主义基本原理概论、毛泽东思想和中国特色社会主义理论体系概论、中国近现代史纲要、思想道德修养与法律基础、大学英语、大学体育、大学语文、计算机基础及运用

续　表

专业方向课程类别		课程名称
专业基础课	管理类基础课	艺术管理学、文化产业概论、人力资源管理、财务管理基础、管理信息系统、经济学、市场营销
	艺术类基础课	艺术概论、艺术鉴赏系列课程（美术、音乐、戏剧、电影）、艺术美学
专业课	专业必修课	旅游学概论、旅游资源学、旅游规划与开发、旅游政策法规、景区经营与管理、旅游经济学、服务营销、民俗文化与民间艺术、文化旅游策划与管理（包括旅游演艺产品策划与管理、节庆旅游策划、民俗旅游策划）
	专业选修课	旅行社经营与管理、旅游商品开发与设计、导游业务、旅游心理学、旅游新业态、客源国概况、旅游英语
实践课程	实践教学	实践教学周、实践基地、实践采风
	毕业论文设计	毕业论文选题指导课、毕业论文写作课

对艺术院校而言，旅游管理专业的专业基础课主要包括管理类的基本课程以及艺术类的基本课程，而艺术类的基本课程主要培养学生对艺术的鉴赏能力，以及一些最基本的艺术常识。专业课包括专业必修课程以及专业选修课程。在专业必修课程中，民俗文化与民间艺术课程群以及文化旅游策划与管理课程群是能够突出广西艺术院校地域特点以及艺术特点的专业核心课程。专业选修课有利于扩展学生的视野，要求每名学生至少选修4门课程。

有关实践教学部分，在规定的教学计划中，能力培养型课程主要包括各种实践实习项目和毕业论文设计环节等。旅游行业是一个理论与实践并重的行业，其所需要的管理者必然是理论与实务兼备的应用型人才。这一行业的特殊要求直接决定了高等教育对行业管理人才培养的方向，即培养具有较灵活适用能力、较强实践技能和较高管理理论水平的文化旅游管理人才预备队。因此，学校在实践实习项目课程的设置上，突出了文化旅游管理专业的实践训练教学环节的设置与比重，在立足广西多样的民俗民族资源基础上，拟通过建立多个民俗文化、节庆文化旅游、旅游演艺产品实践教学基地，有针对性地帮助学生将理论知识转化成实际行为能力。拟建立的实践基地包括：（1）南宁市区内（民俗文化与民间艺术实践教学基地）：与广西民族博物馆、广西壮族自治区博物馆、青秀山风景区建立实践教学基地。通过对博物馆中相关民俗文化内容的深入了解，增强学生的实际感知能力，同时在旅游景区可以深入了解景区经营与管理的相关实践知识。（2）广西壮族自治区内各县市（节庆文化旅游实践教学基地）：与南宁武鸣县（“三月三”歌圩文化旅游节）、百色田阳县（布洛陀文化旅游节）、百色德保县（红枫文化旅游节）等具有特色文化旅游节庆活动的县市建立合作关系，在每年各县市举办相关文化旅游活动时，让学生能够参与到节庆活动的筹备以及初期策划活动当中，把理论知识和具体实践结合起来。（3）桂林漓江旅游景区（旅游演艺产品策划与管理实践教学基地）：桂林漓江景区内的大型实景旅游演艺产品“印象刘三姐”可谓是旅游演艺产品的典范。广西艺术学院可以结合处于广西的地域优势，与景区内“印象刘三姐”大型演艺剧组建立合作关系，使学生能够深入地了解和掌握旅游演艺产品的策划和管理流程，将理论和实践相结合。

除了建立教学实践基地外，带领学生参与调研项目等新的教学模式，使学生具备独立分析问题、解决问题的能力，熟悉管理学与艺术学的基本知识，特别是对旅游管理专业知识中节庆旅游策划与管理以及景区旅游演艺产品策划与管理基本知识的掌握，并能够在景区或策划公司从事与之相关的策划与管理工作。

此外，在毕业论文设计上，开设具有针对性的写作指导课，从论文的选题到写作再到最后成文，均给予学生全面的指导，使学生基本掌握研究论文的基本写作范式，同时引导学生在实践中升华选题，提升选题质量。

（二）核心课程的打造

在做好基本课程设置开发的同时，重点将“民俗文化与民间艺术”“文化旅游策划与管理”建设成为核心课程、特色课程，从而更好地带动专业其他课程建设，推进专业课程改革与建设。

“民俗文化与民间艺术”是专业必修课，该课程包括“广西民俗文化“广西民间艺术”“非物质文化遗产”“田野调查”四个板块。其中田野调查板块穿插在“广西民俗文化”课程中进行讲授，其余三门课程各开设一个学期，每学期 36 课时，2 学分，共计 108 课时，6 学分。该课程群立足于广西的地域文化特色，为培养学生开发具有民俗文化特点的旅游演艺产品的能力，将民族民俗文化与演艺相结合，策划具有地域特点的文化旅游产品奠定了基础。此外，该课程群建设要改变传统的以教师独讲为主的模式，实现“教师”“学生”“多媒体”相结合的转变；即转变教师角色，使教师从单纯的内容讲授向问题的设计者、学生学习思路的引导者等导航者的角色转变；转变学生角色，使学生从被动接受知识向主动发现问题、思考问题的自主学习者转变。同时，利用计算机、网络、多媒体等辅助教学工具，使知识的获得更加生动形象。

“文化旅游策划与管理”专业必修课，该课程主要包括旅游策划与管理基本理论、旅游演艺产品策划与管理、节庆旅游策划、民俗旅游策划四个模块。每个模块各开设一个学期，每学期 72 课时，4 学分，共计 16 学分。该课程群立足于广西地区丰富的少数民族文化、节庆活动资源以及广西艺术学院的艺术资源，按照理论和实践相结合的要求，采用“五位一体”的立体式建设思路，即通过理论教学、案例教学、实践教学、视频音频教学与学生自主学习相结合的方法拓宽学生的学习思路；除此之外，在开设实践课程的学期组织学生进行一次采风实践。目前广西艺术学院已带学生深入武鸣、田阳敢壮山布洛陀文化旅游区等地进行田野采风。此外，鼓励学生组成学习小组，培养学生自主学习的能力，同时要求学生及时反馈自主学习成果。

三、关于艺术院校旅游管理专业课程建设的几点思考

（一）明确专业定位，优化课程建设，突出艺术院校特点与优势

与其他综合类院校相比，艺术院校拥有雄厚的艺术教学资源，为其开设旅游管理专业奠定了基础。广西艺术院校开设了演艺策划、表演艺术等专业，为旅游专业的学生提供了有力的支撑。同时，广西大型景区内山水实景表演基地，以及广西部分具有民族特色节庆活动的县市，也是艺术院校的实践基地。这都为广西艺术学院旅游管理专业学生提供了广阔的实习与就业资源。因此，少数民族地区的艺术院校开设的旅游管理专业拥有突出的艺术学科优势，其人才培养目标应具有鲜明的艺术学科独特性，应有更明确的专业定位。把旅游与艺术资源相结合，突出民族文化旅游特色，着重培养旅游演艺策划与管理、节庆旅游策划以及民俗旅游方面的专门人才。在培养目标与专业定位明确的前提下再进行课程建设的探讨，才能突出课程设置的合理性与独特性，突出艺术院校的优势与特点。

（二）注重实践环节，展现实践教学的特点

旅游管理专业是一个与实践结合非常紧密的专业，在对学生进行专业基本理论知识教育的基础上，也应当注重理论与实践的结合。在实践教学方面，应结合自身优势，充分规划好校内实践与校外实践两大板块。[2]校内实践方面，结合广西艺术学院美术馆、音乐厅以及漓江画派艺术中心等艺术资源，在校内建立艺术会展旅游实习基地、艺术演艺旅游实习基地等，充分运用校内资源开展实践教学。在校外实践方面，建立旅游演艺、节庆旅游等实践教学基地，使学生能够在实践中做到将知识活学活用。此外，广西艺术学院每个学期开学的前两周为实践教学周，实践教学周中由指导老师负责指导，鼓励学生积极参与到与自己专业相关领域的实习中，在实习中锻炼学生的动手能力与沟通能力。实践教学周结束后要求学生提交实践报告以及实践总结，进行实践汇报。只有注重实践教学，才能更好地培养学生与实践结合、善动脑、会动手的综合素质。

（三）加强师资队伍建设，积极推动课程建设

优质的师资队伍建设是学科建设的重要组成部分，是提升旅游管理专业人才培养质量的重要前提。在专业建设上不仅要有明确的培养目标、专业定位以及合理的

课程体系，还要有高素质高水平的专业教师队伍。师资队伍应符合学科的交叉性和复合性的特点，能满足所开设的专业课程的教学需要，努力建设学科互补化、结构梯队化、高效专业化的师资队伍。艺术院校的旅游管理专业要与艺术相结合，要突出艺术特色，因此，对教师队伍素质的要求也越来越高。师资队伍的结构应该是多学科多领域的结合，既要有旅游管理类课程群的教师，也要有艺术类课程群的教师。更重要的是，旅游管理专业教师的知识结构不能仅仅局限于旅游管理专业本身，要不断扩充到文化创意产业领域、艺术学领域，从而实现旅游管理与艺术学科的结合，在教学过程中能对旅游演艺领域、旅游创意领域以及节庆文化领域有较好的把握。同时也要鼓励教师参与社会实践，提高教学的生动性以及对理论知识的领悟力。积极聘请校外知名行业专家、教授和颇有心得的相关企事业单位管理者、企业家来学校讲学、开办讲座、进行实习实践指导，通过与他们交流、向他们学习，多方面了解、掌握旅游行业发展动态。[3]此外，还要鼓励和支持原有教师提高学历学位层次，攻读相关专业方向的博士学位，不断提高师资水平。只有这样，才能使教师的素质得到提升，助力学科建设、课程建设。

（四）为学生营造良好的学习氛围，增强学习效果

学生的学习效果是课程建设成功与否的直接体现。在课程建设的同时，不能忽视为学生营造一个良好的学习环境与学习氛围。对于艺术院校的学生而言，学生整体的学习自觉性与综合类大学的学生相比有一些差距。因此，在艺术院校为学生营造一个良好的学习氛围更为重要。要鼓励学生积极参加各类创意策划大赛、旅游创意大赛等以提高学生学习的兴趣。要鼓励学生组建自学小组，做好自主学习。此外还应加强学校的图书馆建设，为学生提供足够的阅读书籍以及电子阅览资源，为学生课后自学提供资源。

四、小　结

总之，广西艺术学院作为全国艺术类院校中首个开设文化旅游管理与策划专业方向的院校，需要做的努力和探索还有很多很多。只有从实际出发，不断研究、不断思考、不断探索，才能找出一条适合艺术院校旅游管理专业的建设思路，才能不断提高旅游高等教育的教学质量和教学水平，才能培养出更多适应新世纪旅游业发展所需的具有特色的艺术类旅游人才。

参考文献

[1] 邹家红，王慧琴，李浩文. 论湖南旅游管理专业课程体系的重构——以湖南科

技大学为例[J]. 湘潭师范学院学报：自然科学版，2007，29（4）.
[2] 夏学英. 旅游管理专业本科实践教学体系的构建[J]. 沈阳师范大学学报：社会科学版，2010，34（6）.
[3] 陈畅，蔡秀娟，邱冠文. 提高农林院校旅游管理专业人才培养质量的思考[J]. 西南农业大学学报：社会科学版，2011，9（2）.

高职服装设计专业课程成绩多元统计分析

何　婵

【摘　要】笔者以 28 名高职服装设计专业学生的 16 门专业课程成绩为样本，应用 SPSS 软件分别进行基本统计分析、线性相关分析和主成分分析，找出课程设置不合理原因，即课程讲授方法、课时安排和内容衔接，并对改进服装设计专业的课程教学提出了建议。

【关键词】服装设计　课程成绩　相关分析　主成分分析

目前高职高专服装设计专业课程的设置大都涉及三大类专业课程，分别是服装设计、服装制版工艺及服装管理营销，这样就导致各高职院校在进行课程设置时有所不同，有的偏重于设计，有的偏重于生产及技术。目前，很多学校都从教学经验出发，进行定性分析，觉得哪门课程包含的知识技能对以后就业有所帮助，就增加该课程的学分和课时，这样势必造成人为的偏差，与企业的用人要求也不相符。本文以某职业技术学院服装设计专业 2009 级学生课程成绩为样本，从定量方面分析该专业课程设置是否合理，教学效果如何，从而总结出服装设计专业教学现状和合理设置课程的建议。

1. 样本描述与基本统计分析

本文选取 2009 级服装设计专业 28 名顺利完成学业学生的课程成绩作为研究对象。该专业 3 年来先后开设了 20 余门专业课程，为方便进行数据统计分析，特确定以 16 门专业必修课课程成绩 Xi（i = 1，2，…，16）作为变量，其中素描（X_1）、服装材料学（X_2）、服装画技法（X_3）、服装色彩与图案（X_4）为专业基础课，其余 12 门为专业课，各变量代号如表 1 所示。

表 1　各课程变量代号

变量	X_1	X_2	X_3	X_4	X_5	X_6	X_7	X_8
课程名称	素描	服装材料学	服装画技法	服装色彩与图案	服装市场营销学	服装企业跟单	针织服装结构与工艺	服装设计
变量	X_9	X_{10}	X_{11}	X_{12}	X_{13}	X_{14}	X_{15}	X_{16}
课程名称	电脑辅助设计	服装面料再造	服装生产管理	服装结构设计	服装 CAD 设计	服装立体裁剪	服装缝制工艺	服装工业制板与推版

本文所使用的数据分析软件为 SPSS。启动 SPSS 软件，输入学生考试成绩，定义变量并建立相应的数据文件。选择“分析—描述统计—描述”，打开“描述性”对话框，将以上数据文件中定义的各科目变量选入右侧变量栏，点击选项按钮，进入“描述—选项”对话框，勾选均值、均值标准误、标准差、偏斜度、峰度、极大值、极小值，点击“继续”返回上一级，点击“确定”，得出统计分析表，结果如表 2 所示。

表 2　各门成绩的基本统计分析结果

变量	X_1	X_2	X_3	X_4	X_5	X_6	X_7	X_8
均值	81.21	85.82	83.36	78.75	71.04	80.11	81.07	79.82
标准差	4.392	7.050	6.482	9.586	9.942	3.614	6.497	9.052
标准误	0.83	1.33	1.22	1.81	1.88	0.68	1.23	1.71
偏斜度	−0.217	−1.368	−0.899	−0.633	0.626	−0.220	−0.532	−0.496
峰度	−0.375	2.234	1.479	−0.338	−1.017	−1.276	−0.047	−0.547
极大值	90	95	93	92	90	87	93	94
极小值	75	66	64	60	60	75	66	60
变量	X_9	X_{10}	X_{11}	X_{12}	X_{13}	X_{14}	X_{15}	X_{16}
均值	78.21	81.00	82.21	87.04	83.39	83.79	83.00	83.57
标准差	9.500	6.678	7.805	4.247	4.031	4.400	5.944	6.741
标准误	1.80	1.26	1.47	0.80	0.76	0.83	1.12	1.27
偏斜度	−0.105	0.257	−0.633	−1.411	−0.459	0.245	−1.461	−0.536
峰度	−0.741	0.434	−0.536	2.260	0.355	−0.483	1.280	0.536
极大值	96	96	94	92	91	93	90	96
极小值	62	66	67	74	73	76	69	66

由表 2 可以看出，绝大多数课程成绩的均值在 80 分左右，最高为服装结构设计 87.04 分，最低为服装市场营销学 71.04 分，标准差为 9.942，表明该课程较难掌握。课程成绩标准差在 4～10 分，表明学生之间差距较小。偏斜度值接近于 0，表明分布近似于左右对称，且一般为负值，表明在均值左侧的数据更分散。峰度值多数较小，越接近于 0 正态性越好，大于 0 表示数据中含有较多远离均值的数据，小于 0 表示均值两侧极端数据较少。

2. 线性相关分析

线性相关分析可通过计算各门课程成绩的相关系数，分析学生某门课程掌握情况对其他课程掌握情况的影响程度。在 SPSS 软件中，选择“分析—相关—双变量”，打开“双变量”对话框，将各科目变量选入右侧变量栏，勾选 Person 系数、双侧检验选项，点击“确定”，得出各门课程相关系数分析表，结果如表 3 所示。

表 3　各门课程 Person 相关系数

	X_1	X_2	X_3	X_4	X_5	X_6	X_7	X_8
X_1	1.00	0.14	0.25	0.30	−0.19	−0.13	0.450*	0.407*
X_2	0.14	1.00	0.05	0.18	0.32	−0.13	0.16	0.386*
X_3	0.25	0.05	1.00	.505**	0.00	0.18	0.34	0.29
X_4	0.30	0.18	.505**	1.00	0.19	0.00	.492**	0.29
X_5	−0.19	0.32	0.00	0.19	1.00	0.35	0.24	−0.05
X_6	−0.13	−0.13	0.18	0.00	0.35	1.00	0.25	0.05
X_7	0.450*	0.16	0.34	.492**	0.24	0.25	1.00	0.417*
X_8	0.407*	0.386*	0.29	0.29	−0.05	0.05	0.417*	1.00

	X_9	X_{10}	X_{11}	X_{12}	X_{13}	X_{14}	X_{15}	X_{16}
X_9	1.00	0.23	0.10	0.16	0.09	−0.06	−0.01	0.15
X_{10}	0.23	1.00	0.25	0.503**	−0.01	0.529**	0.27	0.32
X_{11}	0.10	0.25	1.00	0.35	0.23	0.426*	−0.05	0.450*
X_{12}	0.16	0.503**	0.35	1.00	−0.04	0.30	0.36	0.385*
X_{13}	0.09	−0.01	0.23	−0.04	1.00	0.400*	0.05	−0.16
X_{14}	−0.06	0.529**	0.426*	0.30	0.400*	1.00	0.10	0.425*
X_{15}	−0.01	0.27	−0.05	0.36	0.05	0.10	1.00	-0.07
X_{16}	0.15	0.32	0.450*	0.385*	−0.16	0.425*	−0.07	1.00

由表 3 可以看出，素描与服装设计、服装面料再造课程相关系数较大，它们同属于设计类课程；服装材料学与服装生产管理、服装结构设计相关系数较大，表明后两门课程是以材料学为基础的；服装色彩与图案与服装画技法相关系数为 0.505，表明学生在美学认识上是一致的；学生对服装面料再造课程掌握较好时，其对服装结构设计与服装立体裁剪课程的掌握情况也较好。

从课程与课程的关系来看，以服装面料再造为例，它是以服装材料学为基础同时兼顾有服装色彩与图案方面的知识，但是从它们的相关系数来看，仅为 0.03 和 0.36，相关系数非常低，反映了这些课程内容的衔接不连贯，专业基础课没有很好地为专业课打下基础。

在统计的 16 门课程中，课程与课程之间的相关系数都较低，这反映了各课程之间相互影响较少，各课程独立性较强，多数课程成绩间没有较强的可比性，即某门课程成绩的高低，不能由另外一门课程成绩的高低分布规律大致推断；学生某门课程的成绩高，其他课程的成绩不一定也高。由于各课程之间存在较显著差异，因此，教师在合理引导学生转变思维方式、改进学习方法等方面还应进一步加强，而各课程在内容设置上也需要进一步改进。

3. 主成分分析

主成分分析法是把多个指标化为少数几个综合指标并基本保留所含信息，进而通过对新指标的比较达到分析目的的多元统计方法。借助 SPSS 软件把 X_5—X_{16} 等 12 门主干课程由相关阵出发进行主成分分析，得到 KMO 统计量为 0.58，球形检验为 0.00，表明变量基本满足因子分析条件，分析得到 4 个主成分的贡献率和累积贡献率，结果见表 4。

从表 4 我们可以看到，第一个特征值为 3.7，它的贡献率约为 30.8%，第二个特征值约为 2.01，它的贡献率约为 17.2%，累计贡献率约为 48.0%，第三个特征值约为 1.40，它的贡献率约为 11.59%，累计贡献率约为 59.58%，第四个特征值约为 1.29，它的贡献率约为 10.71%，累计贡献率约为 70.3%，基本满足评价要求。可以选择前四个主成分（见表 4）来代替原来的 12 个变量。

表 4　主成分的贡献率和累积贡献率

主成分（PRIN）	特征值	贡献率（%）	累积贡献率（%）
PRIN1	3.700	30.832	30.832
PRIN2	2.058	17.151	47.983
PRIN3	1.391	11.588	59.572
PRIN4	1.285	10.707	70.278

表 5　前 4 个主成分对应的特征矢量

	PRIN1	PRIN2	PRIN3	PRIN4
X_5	0.589	0.434	−0.258	−0.114
X_6	0.282	0.743	0.144	0.362
X_7	0.749	0.051	−0.113	−0.067
X_8	0.487	−0.452	−0.002	0.535
X_9	0.238	−0.203	0.067	0.815
X_{10}	0.735	−0.095	−0.129	0.048

续 表

	PRIN1	PRIN2	PRIN3	PRIN4
X_{11}	0.592	−0.102	0.475	−0.169
X_{12}	0.730	−0.299	−0.334	−0.157
X_{13}	0.322	0.725	0.395	0.107
X_{14}	0.679	0.109	0.388	−0.306
X_{15}	0.422	0.251	−0.728	−0.021
X_{16}	0.502	−0.601	0.309	−0.155

表 5 列出了前 4 个主成分对应的特征矢量。下面我们来分析一下几个主成分的含义，第一主成分除了 X_6，X_9，X_{13} 外，其他都有较大的系数，可认为第一主成分代表了学生的综合学习成绩，尤其是在结构技术类课程方面的成绩。第二主成分 X_8，X_9，X_{10}，X_{11} 系数为负说明这个成分代表了学生设计类和打版技术类课程成绩的差异。第三主成分在 X_{15} 上有较大的负的系数，可认为第三主成分代表了学生缝制工艺课程成绩的差异。第四主成分 X_9 上系数为正且较大，说明这个成分代表了学生使用电脑进行设计能力的差异。分析表 5 中的数据，可把特征矢量较大的电脑辅助设计、服装缝制工艺、服装结构设计、针织服装结构与工艺、服装面料再造、服装企业跟单、服装 CAD 设计列为专业核心课程。

4. 结 语

本文将统计分析的思想与实际教学需要相结合，通过数据分析的方法，从枯燥的课程成绩中挖掘出多条有价值的信息，如 12 门主干课程之间的相关关系，专业基础课程对于服装设计专业学生的重要意义。同时反映了服装设计专业课程设置中存在的问题，针对这些问题进行分析研究提出对不合理课程设置的解决方法。

（1）针对课程难度较大的服装理论课程，改变传统的授课方式，将课堂延伸到服装市场；定期把学生带出去，让学生了解市场；对照服装市场的实物给学生讲解，这样有利于学生把握前沿信息，提高学生的学习积极性。

（2）加大对专业基础课程的课时安排。高职院校的入学门槛低，而大部分学生没有绘画功底，其专业素质短时间内难以提高。应加大对学生专业基础知识的培训力度，尤其是美术技能方面的训练，这样才能有针对性地培养学生的审美能力和造型能力。

（3）课程设置与教学内容相协调且做到上下连贯。从上文相关分析中可以看出各门课程相关度都较低，主要是课程内容衔接不紧密，课和课之间相对独立。针对此问题，有必要修订各课程的相关标准，做到课程群各组成课程之间关系密切、逻辑性强，知识具有递进性，内容模块相对科学，便于组织教学。教师要严格按照课程标准讲授课程内容，同时在教材的选用上注意内容的重复性。

参考文献

[1] 吴津津,郑海鹰. 用统计方法讨论大学一年级课程成绩对后继课程成绩的影响[J]. 温州师范学院学报：自然科学版，2003（5）.

[2] 苏斌，谢友芹. 统计分析在学生成绩评估中的应用[J]. 系统工程理论与实践，2006（7）.

东部产业转移与广西高职院校人才培养模式的思考

陈玉梅

【摘 要】珠三角产业转移给我区的高职院校的发展带来了新的机遇和挑战，为此，我们应该构建技能型人才培养的课程体系，加大校企合作的力度，建立更多校外实习基地，加强“双师型”教师队伍的建设，建立“双证融通”的评价模式。

【关键词】产业转移　人才培养模式　校企合作

地方性是高职教育的基本属性之一，为地方经济建设和社会发展服务是地方性高职院校办学的出发点和落脚点。由于全国各地经济发展不平衡，各高职院校必须因地制宜，根据经济社会发展需要，确定人才培养模式，不能盲目攀比、生搬硬套、一哄而起。同时，高职院校自身办学条件有限，决定其在人才培养方面应以地方需求为标准，地方需要什么人才就培养什么人才，满足地方需要是第一位的。在此前提下，应客观地分析本校及外部资源情况，找出最佳结合点，有所为、有所不为，警惕走上事倍功半、不遵循教学规律、不讲求办学效益的歧途。目前，东部沿海经济发达地区正在进行新一轮的产业结构调整，特别是广东的深圳、广州、东莞、江门、中山、番禺等地，已把企业定位在高新技术目标上，一大批劳动密集型、技术含量低的加工型企业正逐步被高新企业所替代。这些企业为寻求新的出路，一方面进行企业结构调整，另一方面把企业向西部转移。因兼备区位优势突出、交通便利、劳动力素质较高等有利条件，与广东交界的地市近年来成为东部产业转移的首选地，进驻了大批的东部企业。广西壮族自治区第九次党代会明确提出将梧州、贵港、玉林、贺州打造成为承接东部产业转移的重要基地。据统计数据显示，2003 年以来，广西与东部地区企业签订合作项目 4 198 个，占广西签订项目总数的 62%，项目资金 1 914 亿元，东部企业实际到位资金 554 亿元，占广西到位资金总额的 71%。

然而，在东部产业转移的热浪背后，我们却发现广西人才素质整体不高，高素质人才严重缺乏。据第五次人口普查结果显示，广西每 10 万人中拥有大专及以上文化程度人才率为全国平均水平的 70%；高级职业技术人才只占整个队伍的 3.9%，比全国平均水平低 1.8 个百分点；具有大专以上学历的专业技术人员占专业技术人员的 40.4%，低于全国平均水平 10 个百分点。高级管理人才、复合型人才、高新技术人才更是十分紧缺。这与当前的经济形势显然是很不相符的。与此同时，高职学生就业难是当前地方高职院校难言之隐。因此，面对新的形势，如何改变传统的人才培养模式，以积极的态势迎接这难得的时代机遇成了广西高职院校发展的时代性话题。

一、当前广西高职教育之痛

高职教育作为高等教育的重要组成部分，理应树立为社会服务的办学理念，地方高职则应树立为地方服务的办学理念。然而，现实情况是：虽然随着高职教育的不断发展，广西各高职院校已开始意识到为地方服务的重要性，部分学校还将“为地方服务”作为办学指导思想的重要内容，但总的来说，由于受传统教育观念的影响，地方高职从领导到普通教师仍然缺乏主动为地方服务的意识，没有切实树立为地方服务的办学理念。一是受传统“象牙塔”精神的影响，地方高职习惯性地采取封闭式办学，不愿或不屑于与企业、与地方主动联系与交流，固守着大学的“尊严”和文人的“气节”。二是受几千年来“重学轻术”观念的影响，教师一般习惯于在校内从事单纯的教学或研究工作，而不愿或懒于与地方有关部门进行沟通，了解他们的需要，主动服务。虽然单纯的教学和科研工作可以间接地服务于社会，但它不能满足地方的迫切需要和即时需要，也不符合高职教育的办学特点，更没体现出高职的办学优势。在具体人才培养模式上，高职院校也暴露了不少问题和矛盾，比如：部分学校发展目标定位过高，对办什么样的学校、培养什么样的人、培养的人去做什么、用什么方式去培养等问题认识不够清楚；大多数高职院校尚未形成有实力的教育品牌和鲜明的办学特色；内涵发展普遍较慢，注重生存的因素多，考虑发展的因素少，规模扩张与办学条件不足的矛盾日益突出；专业设置与人才需求脱节，人才培养模式还没有完全转移到以就业为导向上来；产学研不能很好地结合，教学质量仍在较低的水平上徘徊。此外，地方政府统筹力度不够，有关部门协作机制尚未健全，校内校外两种资源很难优化配置，毕业生就业形势严峻等也是高职院校在发展过程中遇到的现实问题。在新的历史时期，坚持以科学发展观为指导，主动适应地方经济结构调整、经济发展和社会全面进步，切实有效地促进地属高职院校可持续发展，是广西高等职业教育实现健康发展的关键所在。

二、广西高职院校人才培养模式的思考

人才培养模式是指学校为实现其培养目标而采取的培养过程的构造样式和运行方式，同一类型的人才可以有不同的培养模式，但具体到某一种模式，必然有其独特的构架。当前珠三角产业转移主要涉及机械电子制造、家具、轻纺、食品和农副产品加工等传统行业，这些行业不仅需要大批高级专业技术人员，而且需要具有先

进的管理思想、管理理念、竞争观念的本土管理人才。根据笔者对南宁、玉林等部分西移企业的调查，人才层次不高仍是他们发展的瓶颈。对于高职院校培养的高技能人才，社会普遍反映质量较低，动手能力不强，解决实际问题的能力较差，适应企业生产的时间较长。高等职业教育要真正地发展，必须构建适应社会发展需要、具有鲜明特色的人才培养模式。如何能让高职学生分得更多的市场“面包”，成为职场上的佼佼者？行之有效的办法就是帮助他们将所学的知识活学活用，增强他们的实践操作能力，真正做到学以致用。本人认为，我们应该从以下几个方面入手。

1. 技能型人才培养的课程体系

高等职业技术教育课程体系是人才知识能力结构的主要载体，其开发是一项复杂的系统工程。课程作为实现各级各类学校教育目标的手段在学校教育中始终居于核心地位，因而构建高职院校技能型人才培养模式的核心在于建设技能性课程体系。要开发出一个科学的、适应社会发展需求、体现高职特色的课程体系，就必须摆脱传统教育模式的束缚，以培养技术应用型人才为目标，并充分考虑行业背景、实践教学、学生综合素质在构建高职课程体系中的重要作用。在东部产业转移的形势下，课程设置要克服传统的单一、封闭模式，职业教育应以就业为导向，通过职业调查，掌握职业需求资料，分析劳动力市场的供需状况和趋向，为课程体系设置提供可靠的依据。高职的课程要依据企业产业结构和产品结构的调整，不断补充、更新、修正和完善，使教学内容能灵活地适应新设备、新技术、新工艺的发展。例如，在印刷技术课程中，增加最新数字印刷技术、印后的全自动加工技术内容；在生产管理教学中，增加 ERP 教学内容等。企业可以直接参与高职课程的设置与教学内容的制定，组织有丰富经验的管理人员和工程技术人员，通过对企业需求岗位的分析，提出毕业生从事这一岗位工作需要掌握的基础理论知识和相关技能，并尽可能地把能够预见到的发展与变化包括进去。学校根据企业对人才的基本要求与高职人才培养目标，按照教学规律，初步制订出课程实施计划。企业依据经济方面和技术方面的变化，对教学内容的增补或删除提出合理的修改意见和建议。学校依据企业的需求调整教学计划与内容，把课程设置与生产实践结合起来，减少与普通高校的课程雷同，设置具有鲜明职业特色又能与生产服务相结合的课程，不断满足日益发展的社会与经济对多样化人才的需求。

面对企业对人才专业知识结构的新要求，我们还尽可能地将本专业体系学科与相关专业学科相交融，并逐步与国外其他高校相关专业课程接轨，开设一批适应产业转移的人才需求的选修课程，大大拓宽学生的知识面。在立足于本专业知识的基础上，加大与自然学科、人文社会学科的交叉面，并适时根据市场的需求变化有所增减，以培养学生专业知识结构多元化、以提高学生国际文化交流能力为课程设置核心，让学生在专业指导老师的指导下自由选择适合自己的专业课程。

2. 加大校企合作力度，建立更多校外实习基地和实训基地

高等职业院校人才培养的最终落脚点是得到社会和企业的认可，校企合作的办学模式有利于应用型人才的培养。高等职业院校可以紧紧依靠行业企业办学，主动寻求行业企业的支持，以服务求支持，以贡献求发展。目前，我国高等职业院校普遍存在实习基地缺乏、“双师型”资源不足等问题，难以适应社会发展的需要。要培养应用型、技能型的复合型人才，高职院校要开门办学，要有强烈的开放意识、市场意识，把寻找合作企业作为自己的职责，积极主动地与企业联系，将其作为展示自己能力的平台。校企合作的方式多种多样，可以是人力资源培养与使用方面的合作，即学校为企业提供实习学生，企业为学生提供教育教学实训环境；可以是学校依托企业培训教师，定期安排教师到企业实践，企业也可以将自己的技师派往学校提供教学服务；鼓励企业在职业院校建立研究开发机构和实验中心，促进学校专业和课程的建设与改革；中小企业也可以依托职业院校和职业培训机构进行职工培训和后备职工培养等。

实训基地要建成模拟的、仿真的或真实的岗位现场。要根据课程教学的特点，让学生走出校门，到生产建设第一线去实地参观考察。在那里边看边学，了解第一手信息，掌握第一手材料，学习直接操作的本领。学校可以把一部分课程，例如“商务谈判”“商务礼仪”等搬到企业实地演示，尝试分散实习和集中授课相结合的实习方式。这样不仅能快速地提高学生自主实践能力与可操作能力，同时也有助于学生将平时所学到的理论知识更好地与社会实践相结合。新加坡理工学院、新加坡工艺教育学院的学生在最后一年，都要进入有关的工业项目组进行实际生产操作。这种工业项目和国内高等学校最后一年的毕业设计有点类似，但又有较大的不同，主要表现在两个方面：一是学生选择的工业项目不是由任课教师给定的，而是由工厂给定的真实项目，并且不少设计项目要投入到生产中。二是学生设计的工业项目要进行成本核算，以微利为原则，但绝对不能蚀本。这样学生在设计项目时不但要讲究质量（否则厂家不采用），还要学会“经营求存”以适应市场需要。我国高职院校在指导学生做毕业设计时，也应培养学生这种“经营求存”的价值观。

3.“双师型”教师队伍的建设

人才培养模式具有中介性，这种中介作用的发挥依赖于教育主体（教师）的理论水平和业务能力。因此，高职院校人才培养模式构建的关键是建立科学合理的师资队伍。

现阶段各高职院校的办学情况差异很大。部分院校是老牌高职院校，部分院校是由几所高职院校合并而成的，部分院校是中专院校升级而成的。这样一来，高职院校教师队伍呈现多元化的特征，给技能型人才的培养带来一定的不利影响。如大

量的原中专院校的教师承担高职院校的学科教育教学工作，这些老师知识结构老化，不能把握高职学生的生理、心理特点，不了解就业市场的变化。再如一些高职院校出于应付上级检查和评估的需要，突击性地招聘大量具有研究生学历的青年教师，这些教师虽然具有深厚的学科理论基础，但缺乏实际应用技能和操作技能，严重制约了高职教育人才培养目标的实现。

高职院校要立足实际，结合学校现有专业的设置情况，对于有发展后劲和潜力的优势专业，可以大胆引进这方面的教师。高职院校应像普通高校一样，投入大量资金，制定优惠政策，不仅要培养与引进学术人才，更要注重培养与引进技术人才，通过名师工程，带动一个学科、一个专业的发展，让名师成为某个专业的学术带头人和技术带头人，造就一批学术型、技术型、“双师型”的教师，造就一支有专业特色的师资队伍。要加强“双师型”师资队伍建设，积极聘请行业、企业和社会中有丰富实践经验的专家或专业技术人员（含离退休人员）作为兼职教师，切实改善职业院校的实训条件，使师资水平满足教学要求，保证学生获得足够时间的、高质量的、“真刀真枪”的实际动手训练。高职院校应尽可能地把教学、生产和实训相结合，将理论与实践、设计与生产、教学与研究纳入学校教学活动中，这样既可以提高学生的综合素质，也可以提高教师理论和实践教学的水平，走“双师型”专业发展之路。

4.“双证融通”的评价模式

“双证融通”要求职业教育的目标以职业能力为核心，通过适当方式和机制将学历教育与职业资格培训融为一体，将人才培养标准与职业资格标准统一起来，使高职院校走按需办学的道路。高职院校改变以单纯教学为导向、以学科知识为核心的传统模式，取而代之的是以人才需求市场为导向、以能力培养为重点的教学模式。突出实践动手能力的培养，使学生掌握最新的工艺和技能，并将其贯穿于学历教育的全过程，以此来组织教学内容和课程体系，以此实现高等职业教育人才培养目标，建立起一个真正适应经济建设需要的职业教育培训体系。

高等职业院校应该与劳动部门、人事部门以及其他行业部门积极开发新领域的职业资格证书，参与标准的制定，把教学计划和证书标准有机结合，用证书推动教学内容的改革，使学生在校学习有较强的针对性，从而提高学生的学习积极性。具体来说，要做好“双证融通”，必须做好以下几个方面的事情：（1）建立符合“双证”要求的课程体系。通过实施“双证融通”，形成高职课程对职业资格标准在教学内涵上的涵盖关系或专业核心课程与国家职业标准之间的对应关系，形成符合国家职业标准的“双证”课程，使专业课程内容与企业的岗位技能需求紧密结合。（2）改革教学模式。实施“双证融通”，在高职课程中引入国家职业资格标准，必须贯彻“产学合作”的思想，改革目前的教学模式和教学方法。（3）创新评价方法。改变单纯以理论考试测定成绩的方法，不再单凭一纸试卷来评定学生的学习成绩，而是以学生的实际操作水平和工程实践能力来决定。（4）建设实训基地。实训基地建设是实施“双证融通”工作的重要载体，高职院校必须重视实训基地的软件和硬件建设。

“双证”并重，有助于真正培养既具有必要的理论知识，同时又掌握职业操作的基本技能，熟悉本行业管理和运行过程，并具有一定的解决现场问题、综合能力较强的技能型、复合型的高层次人才。通过“双证书”制度的建设，全面地推动高等职业院校的人才培养模式创新。

总之，通过对珠三角产业转移人才需求趋势的分析，广西高职院校只有顺应市场需要，转换学生培养思路，以一种全新的视角全面地、综合地对人才培养模式和要求进行分析，才能最大可能地减少学生进入企业适应岗位的磨合期，为社会培养更多优秀的职业人才。

参考文献

[1] 董大奎. 示范性高等职业技术院校建设[M]. 上海：同济大学出版社，2004.

[2] 刘兰明. 高等职业技术教育办学特色研究[M]. 武汉：华中科技大学出版社，2004.

[3] [美]伯顿·克拉克，高等教育新论[M]. 王承绪，等，译. 杭州：浙江教育出版社，2001.

[4] [美]詹姆斯·杜德斯达. 21 世纪的大学[M]. 刘彤，译. 北京：北京大学出版社，2005.

[5] 中国教育与人力资源问题报告课题组. 从人口大国迈向人力资源强国[M]. 北京：高等教育出版社，2003.

[6] 德里克·博克. 美国高等教育[M]. 乔佳义，编译. 北京：北京师范学院出版社，1991.

基于 Chord 的聚合查询研究

谭　玻

【摘　要】分布式哈希表作为结构化 P2P 系统的核心技术，为 P2P 资源提供了精确的查找能力，但也阻碍了它在复杂查询方面的应用。本文主要分析了在 Chord 中实现聚合查询的方法，并介绍了其中的一种 Cone 结构。

【关键词】DHT 覆盖网；Chord 协议；聚合查询；Cone 结构

1. 前　言

近年来，Peer-to-Peer（对等计算，简称 P2P）已迅速成为计算机界关注的热点。其中，分布式哈希表（Distributed Hash Table，DHT）是结构化 P2P 系统的核心技术，为 P2P 资源的组织与查找提供了一种新的方法。虽然 DHT 的精确关键字映射提供了精确匹配的资源查询能力，但也阻碍了 DHT 在复杂查询方面的应用。

聚合查询是指对一组节点的某属性聚合信息的查询，是复杂查询中的较为常见的查询形式。Chord 是基于 DHT 技术的经典协议。本文主要分析了在 Chord 中实现聚合查询的方法，并介绍了其中的一种 Cone 结构。

2. DHT覆盖网

DHT 使用分布式哈希算法来解决结构化的分布式存储问题。分布式哈希算法的核心思想是通过将存储对象的特征（关键字）经过哈希运算，得到键值，再根据键值存储对象。

采用 DHT 的 P2P 系统实际上是由多个分布的节点共同维护一个巨大的哈希表：网络中的每个节点都有一个唯一的标识符，按照某种规则形成网络拓扑结构。由于重叠网络采用了确定性拓扑结构，DHT 可以提供精确的发现。对于要共享的数据值，可使用哈希算法（包括 SHA1、MD5、MD4 等）获得该数据的唯一键值，该键值与节点的标识符具有相同大小的空间，然后系统将数据（或元数据）发布到节点标识符与键值最近的节点上；查询数据时，同样将查询数据映射成键值，通过路由算法将请求转发到标识符跟键值最近的节点上。只要目的结点存在于网络，DHT 总能发现它，发现的准确性得到了保证。其中最经典的案例是 Tapestry，Pastry，Chord 和 CAN。

假设在一个 DHT 系统中，节点 A 中存在资源 X，节点 B 想要查找资源 X，则资源的发布过程如下：

（1）节点 A 首先通过哈希算法把资源 X 映射到 key 空间，即 K = Hash（X），然后通过 DHT 层发出一个目标为 K 的消息，DHT 层把该消息路由到系统中负责 K 的唯一节点 C。

（2）节点 C 把自己的 IP 地址返回给节点 A。

（3）节点 A 再把资源 X 发布到节点 C。

资源查找过程与资源发布过程类似，如下：

（1）节点 B 通过哈希算法得到资源 X 的 key：K = Hash（X），然后通过 DHT 层发出一个目标为 K 的消息，DHT 层再把这个消息路由到系统中负责 K 的唯一节点 C。

（2）节点 C 把资源 X 返回给节点 B。

3. DHT覆盖网上的聚合查询

聚合查询是指对一组节点的某属性聚合信息的查询，最终返回单一的汇总值。如求和值、平均值、最大值和最小值等。

在 DHT 覆盖网中，给定资源对象的关键字，通过哈希算法算出相应的键值，就能够在一定的时延内精确搜索到资源对象所在的节点。为了能在 DHT 覆盖网中实现聚合查询，可以在拓扑路由层上方增加一个专门的聚合查询层。如图 1 所示，拓扑路由层负责拓扑维护和路由功能，需要进行聚合查询时则在聚合查询层进行。

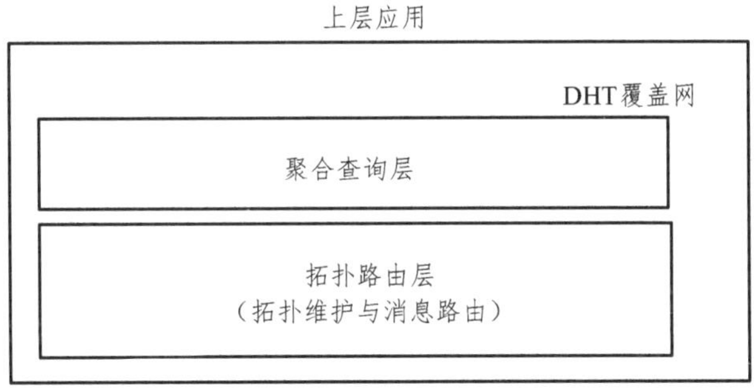

图 1　DHT 覆盖网结构

4. Chord协议

Chord 是 MIT 提出的一种分布式查找协议，实现的主要功能是：给定一个关键字（key），将其映射到某个节点上。它采用 SHA-1 作为相容函数来为 key 分配节点，该函数可以使每个节点存储数量大致相同的 key，从而达到负载均衡。

相容哈希函数为每个节点和 key 分配 m 位的标识符，节点的标识符通过哈希节点地址得到。若标识符的长度 m 够大，则两个节点或 key 哈希为同一个标识符的概率可以小到忽略不计。节点和 key 的标识符组成一个大小为 2^m 的 Chord 环，环上的标识符从 0 到 2^m-1 的数排成一个圆。key 存储到一个节点，当且仅当该节点的标识符不小于该 key 的标识符，这一节点称为该 key 的后继，用 successor（key）表示。如图 2 所示，关键字 1 存储在节点 1 中，关键字 2 存储到节点 3 中，关键字 6 存储到节点 0 中。

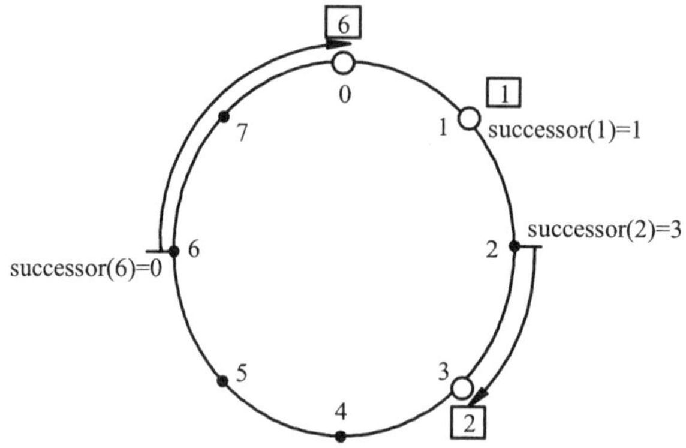

图 2　Chord 结构图

Chord 协议是基于 DHT 技术的。同样能依靠精确关键字映射实现了精确匹配的资源查询功能，但无法直接实现聚合查询。因此，必须在其上方建立一个聚合查询层专门实现聚合功能。

5. Chord上的聚合结构——Cone结构

Cone 是由 R. Bhagwan 等人提出的结构，建立在 DHT 覆盖网内路由层的上方。其逻辑结构是一棵由网络节点作为叶子组成的二叉树，从叶子所在层开始，向上两两进行聚合。聚合完毕后，整棵树的根就是所有网络节点聚合的结果。这棵逻辑树和底层 DHT 网络一起形成了一个类似于圆锥的结构。

以聚合操作 MAX（求最大值）为例。如图 3 所示，DHT 网络中共有三个节点，其 key 值分别为 5，10 和 6，各个节点的 ID 用 3 位表示，分别是 1（001），2（010）和 5（101）。各个节点在 level 0 中的位置由节点 ID 决定。从叶子节点所在的层（level 0）开始两两进行聚合，key 值更大的就上移一层，直到根值确定为止。每棵子树的根都是这棵子树的所有叶子节点 key 值的一个聚合，整棵树的根值 10 就是所有节点中的最大值。

构建整棵逻辑树的物理结构是分散到各个网络节点的。如图 3 所示，每个节点都维护一张表，表中项的数目由节点 ID 的位数决定，分别对应各层。‘-’ 表示自己是孩子的父亲，‘,’ 右边的即自己的孩子。如节点 1 的相邻节点 0 目前不存在，则直接在节点 1 表中 level 1 所对应的项中填入 “-”，表示节点 1 是前一层两个节点中的最大值。level 2 中对应项的值是 “IP2”，表示节点 2 的值比当前节点的值要大。

节点 2 在 level 2 对应的项值是“-，IP1”，表示当前节点的值比节点 1 的值要大。

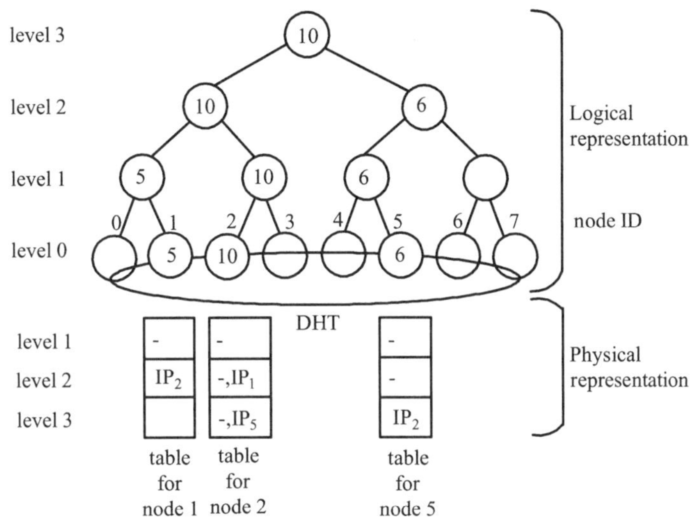

图 3　实现 MAX 聚合的 Cone 结构

从任意一个节点开始，要找到所有节点的最大值，可以首先判断自己表中的最高层项中有没有“-”。如果有，当前节点的值就是最大值；如果没有，就转向对应项中记录的节点，直到最高层出现“-”为止。如图 3 中的节点 5，要找最大值，首先查看自己的表中的最高项，没有“-”则转向节点 2，节点 2 的最高项有“-”，所以节点 2 的值 10 即为最大值。这样，从任意节点发起 MAX 查询，最多也只需要 3 步。

一个新的节点加入时，DHT 网络拓扑和聚合树的结构都会发生变化。若一个节点突然失效会造成聚合树出现断链现象，可以利用自适应算法对其进行周期性维护。将所有断链的子树重连接整个阶段需要 O（log N）个消息，因为在 DHT 中查询最近子树的一个节点需要 O（log N）个消息，向后查询重新连接点也需要 O（log N）个消息。因此，当一个节点失效时维护所需要的消息数为 O（$\log^2$ N）。然而，重连接操作可以并发进行，因此，整个删除操作只需要最长的重连接开销，即 O（log N）。如果节点是退出，则需要 O（log N）个消息。

Cone 结构在逻辑上更像是一棵锦标赛排序树，但它在存储时采用了分散性的物理结构。由各个节点各自维护一张表，表中各项记录了每次比较的结果，胜者记录败者的 IP，而败者则记录胜者的 IP，共同维护一棵逻辑上的二叉树。

Cone 结构是一个动态数据结构，跟 DHT 网络一样，节点可以随时进入或离开，只要保证节点对应的表能够正确维护即可。对于一个有 N 个节点的 DHT 网络，其 ID 用 m 位表示，查询和更新需要 O（logN）个消息，最差时需要 O（m）个消息。

6. 结束语

Chord 协议是一个基于 DHT 技术的经典协议，现已相当成熟。因此，在 Chord

上实现常用的聚合查询也是很有意义的。Cone 结构虽然能方便地实现聚合查询，并在 O (log N) 个消息内得到结果，但是每针对一种聚合查询都要建立一个 Cone 结构来与之对应，维护起来需要消耗不少的消息。可以进一步考虑将多种聚合查询结合起来，一起更新维护，提升它的整体性能。

参考文献

[1] THEOTOKIS S A , Spinellis D. Survey of Peer-to-Peer Content Distribution Technologies. ACM Computing Surveys, Vol.36, No.4, December 2004, pp.335¨371.

[2] STOICA I ,MORRIS R , KARGER D R , et al. Chord：A scalable peer-to-peer lookup service for Internet applications. IEEE/ACM Transactions on. Networking, 2003, 11（1）：1732.

[3] R BHAGWAN, P MAHADEVAN, G VARGHESS, G M VOELKER. Cone：A Distributed Heap-Based Approach to Resource Selection. Technical Report CS2004-0784, UCSD, 2004.

[4] CECILIA HERNANDEZ, M ANDREA RODRIGUEZ, MAURICIO MARIN：Complex Queries for Moving Object Databases in DHT-Based Systems. Euro-Par 2008：424-433.

基于案例与项目的 VB.NET 课程教学模式的研究

牛喜栓

【摘　要】本文针对 VB.NET 课程教学过程中发现的问题，分析了案例教学法与项目教学法的异同，提出了一种立足于我院实际情况，分阶段实施案例教学法与项目教学法的教学模式；详细阐述了案例教学法与项目教学法具体实现过程，以及新教学模式的考核方式，并通过实践教学检验效果良好。

【关键词】教学模式　案例教学法　项目教学法

一、引　言

VB.NET 课程一直作为我院（玉林师范学院）高职类学生的动态网页设计与 Windows 应用程序开发的核心课程。过去，课程内容设置上一直沿用传统的学科体系，教学模式上主要体现理论知识的讲授，虽然加大了实践操作的力度，但实践教学从本质上说也只是增加了实验课课时而已。在授课过程中一直采用传统的边讲解理论知识边操作演示的授课方式。在这一过程中一些老师发现，实践操作成了验证型操作，再加上高职学生学习理论知识有困难，普遍出现厌学现象，教学效果不理想，学生专业能力低下。因此，为了培养学生的专业技能，让学生真正掌握 VB.NET，成为能够胜任企业工作岗位，满足企业需求的应用型人才，VB.NET 课程教学模式改革势在必行。

二、改革方向和内容的研究

目前，很多高校根据自身特点对 VB.NET 课程教学进行了改革，其中采用最多的方法是案例教学法和项目教学法。

案例教学法是一种根据授课内容，精心选取合适的案例，通过授课过程中对案例的分析，引导学生学习理论知识，现场操作演示实现过程的教学方法。案例教学法有利于学生掌握基础理论知识并加深理解。项目教学法是以一个开发项目作为教学内容，根据授课内容将项目分解成若干个小的项目，将授课的理论知识点分散到每个小项目中去实施教学，整个过程以学生为主的通过开发项目来学习的授课方法。

在整个过程中，教师仅仅起到一种引导的作用。项目教学法通过实际开发过程提高学生实践能力。

单一的案例教学在培养学生的实际开发能力上有所不足，而单一的项目教学对学生的能力要求较高，以我院生源的质量来说很难完成这样的教学。根据两者的特点与多年的教学经验，特提出一种综合两者特点的基于案例与项目的 VB.NET 课程教学模式。具体思路如下：

根据先易后难的教学原则把教学过程分为两个阶段。第一阶段，使用案例教学法，讲授理论知识，使学生较容易掌握基础知识和基本编程技能，打下坚实的理论基础。第二阶段，实施项目教学法，以软件开发过程为导向，围绕一个完整的开发项目，由学生独立开发学习，教师只是引导和辅助。通过这两个阶段，学生对概念和理论知识的理解进一步加深，而且掌握了一定的操作技能。

三、改革具体方案

1. 授课课时的分配

本门课程共 102 个课时，第一阶段案例教学部分占 68 个课时，其中授课与实验课比例为 1：1；第二阶段项目教学部分占 34 个课时，这个阶段完全以学生自主开发项目为主组织教学活动，引导学生将所学的理论知识完全运用到实际开发上。这个阶段中，教师除了起到辅助作用外，还要起到监督和验收的作用。

2. 案例教学过程

选择合适的案例进行教学至关重要。根据教学内容，把各个理论知识模块进行分割，并设计出一个个直观形象的案例。案例设计不仅仅要包含 VB.NET 的知识模块，还要有趣味性，能激发学生的学习兴趣。例如：在讲解 Windows Form 界面设计时，为提高学生的操作的兴趣，可让同学们设计类似 QQ 的程序界面。

在设计案例时，尽量多涵盖相关的知识内容，并且案例要具有一定的延展性，设计出多个问题，一步步引导学生完善案例的设计过程。例如：讲解运算符时，先设计一个简单的计算器作为案例。其界面如图 1 所示。

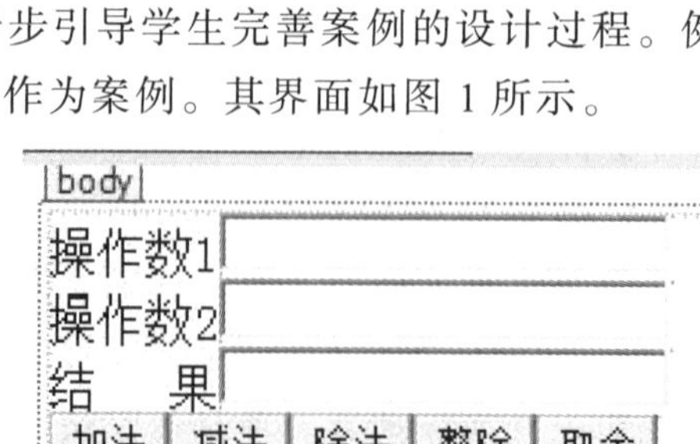

图 1

要求从两个文本框中输入 12 和 13，点击加法的按钮计算，加法按钮的后台代码为 txt_result .Text =txt_NUMB1.Text + txt_NUMB2.Text，发现计算结果为“1213”，提出问题，引出类型转换问题。经过类型转换函数 Cint（ ）转换后，计算正常。之后一个文本框输入 12，另一文本框输入一个字符串“abcd”，发现程序发生错误，原因为从字符串“abcd”到类型 Integer，即非数值字符串无法转换为 Integer，引出在输入数据前对数据合法性的验证问题，引出数值判断函数 IsNumeric、条件判断语句 if 语句及关系表达式。

综合上述案例设计原则，本文根据 ASP.NET（VB.NET）程序设计课程的教学内容，设计案例如下（见表 1）。

表 1　案例说明

案例序号	案例名称	案例说明	涵盖的主要知识点
1	Hello World	通过页面事件输出“Hello world!”，动态地改变字体、颜色、背景色等	事件驱动、Web 窗体的属性、事件的使用、ASP.NET 编程环境
2	简易计算器	设计一个 Web 版的计算器，实现加减乘除求余乘方等基本算术运算	变量定义、数据类型、运算符、常量、表达式等基础知识，控件，条件语句，类型转换
3	打印乘法口诀	在页面中 lable 打印乘法口诀	循环语句、多重循环、转义符
4	数组输入输出	通过文本框输入一二数组元素，并在 ListBox 中输出	数组、集合、foreach 语句
5	注册页面 界面设计	界面设计案例，包含尽量多的 Web 控件，注重数据的验证，如验证身份证号码的正则表达式	Web 服务器控件、数据验证控件、正则表达式、IsValid 属性
6	网站登录	设计登录界面按钮的功能是检查用户输入的用户名与密码是否与注册在数据库中的数据相同，若相同则登录成功，否则登录失败。利用 Response 对象的 Redirect 方法进行页面跳转、Session 传值	页面对象（Session、Response）、页面间传值、类和对象、Access 数据库、查询 Sql 语句、连接字符串、Connection、Command、DataReader
7	学生信息查询	实现学生信息查询功能，利用 GridView 控件显示学生信息	数据绑定、GridView 控件及其数据列的绑定、显示数据、分页功能、排序功能、DataAdapter 和 DataSet 对象
8	注册页面	根据案例所设计的界面，实现注册功能。包括检测用户名功能、注册功能、重置功能	Insert 语句、Command Execute NonQuery 方法

续 表

案例序号	案例名称	案例说明	涵盖的主要知识点
9	购物车	购物车页面的设计、购物车功能的实现、购物车数据的更新、购物车数据的删除	GridView 控件的按钮字段、更新、编辑、删除
10	动态生成新闻网页	通过添加新闻操作，同时实现新闻列表的更新并生成具体新闻页面	文件类、文件的创建与读写操作，ADO.Net 操作数据库，动态生成静态网页
11	留言板	实现富文本留言功能	第三方插件 CKEditor、JS、ADO.Net 操作数据库
12	应用程序部署	网站的发布与打包	安装和部署

案例讲解的过程在于师生互动，教师给出案例，引导学生讨论，分析所需的知识点，帮助学生从案例分析中获取所需的知识，并通过课堂演示操作，让学生通过案例的实现过程掌握逻辑思维过程，提高程序设计能力。另外，在每次理论教学完成后，教师要布置一个与授课案例具有相似的实验要求和内容的案例，促进学生进一步掌握理论知识；提高实际动手能力。

3. 项目教学过程

通过案例学习理论知识后，学生具备了一定的编程能力。这时，就需要采用项目教学法培养学生的综合软件开发能力。在实施项目教学法的过程中要注意以下几个方面的问题：

（1）项目的选择。

项目的选择是关键。要保证所选项目是一个真实的软件开发项目，具有实用性，既要以教学内容为依据，包含所学知识点，又要体现出软件开发过程中的各个环节。在选择过程中要注意把握开发项目的难易度。难度大的话，不但无法在教学时间内完成，而且有可能打击学生的学习热情。太简单了起又不到培养学生能力的作用。项目要贴近生活，例如：根据学生在日常学习生活中所使用的方正教务系统，我们可以选用教务管理系统作为项目教学的项目。

（2）项目开发过程。

在整个开发过程中，我们按照软件开发过程来组织项目教学，即通过可行性分析、用户需求分析、系统设计、详细设计、编码、测试与维护等六个阶段来组织项目教学。

每开发一阶段，教师设置好相关的情景，把学生引入到解决现实问题的情景中。每个阶段教师都会准备好相关资料，以便学生学习。同时，以项目经理的身份参与到开发过程中，在集中布置任务时，讲解项目开发的阶段性要点，引导学生完成每一阶段的任务。在组织过程中，严格把关，尽量让学生独立思考开发项目，及时了解学生的进度，根据情况作出适当的调整。例如：根据学生的能力，可以将部分能力稍差的同学进行组合，适当调整项目难度。当然在开发的过程中，学生可能会遇到各种各样的问题，鼓励他们尝试各种解决方法，相互交流编程技巧和解决方案。

在开发过程中还要注重实际开发工具的使用，如在采用 Project 2007 来作为项目管理软件来制定进度表管理项目；在设计过程中采用 Visio 来设计模块；数据库采用 PowerDesigner 来构建。注重软件文档的建立，按照软件工程要求编写各个阶段的文档，如采用 IEEE 标准 830-1998 描述的需求规格说明模版来编写需求说明书。

学生通过项目开发，在“做”中学，所学有所用，掌握了企业软件开发流程，锻炼了自身编程能力，提高了专业素养。

（3）考核方法。

采用笔试与机试相结合的方式，分值比例为 1∶1。笔试主要考察学生对基础理论的掌握，这部分以广西计算机等级考试二级（VB.NET）考纲为主进行考核，有利于同学们获取计算机等级证书。而机试以上交软件作品的形式进行考核，其软件作品的开发要按项目法授课部分所开发的项目为参考对象，严格按照软件开发流程开发，最后由老师和学生组成考核小组，根据项目开发的情况打分考核，这样有利于调动学生学习的积极性。

四、结束语

教学模式改革的目的在于提高教学效果，培养满足市场需求的人才。我院从 2011 年开始采用新的教学模式，就 2009 级、2010 级与 2011 级的计算机网络技术专业与计算机应用技术专业学生的反映情况来看，教学效果良好。当然，也存在一定的问题，如发现个别同学拷贝他人代码。新的教学模式通过案例让学生较好地掌握了理论知识；通过项目帮助学生巩固了理论知识，同时让学生掌握了软件开发的过程和工具软件，使学生具备了综合职业素养，培养出符合企业需求的应用型人才，实现教学为职业服务的目的，提高学生就业竞争力。

参考文献

[1] 邓满英．VB.NET 应用程序设计教学研究[J]．长沙大学学报，2011（5）．

[2] 林增坦．基于工作室模式的 vb.net 教学改革方法研究[J]．中国电力教育，2012（17）．

[3] 邹军华．VB.NET 教学初探[J]．湖北大学成人教育学院学报，2005（4）．

[4] 张赟，李政．VB.NET 教学探索[J]．福建电脑，2009（9）.
[5] 龚成清．基于工作过程的“VB.NET 程序设计”课程改革的探索[J]．企业技术开发，2010（23）.
[6] 刘昕．VB.NET 课程一体化教学改革实践[J]．新课程：（下），2011（5）.
[7] 靳霞．“VB.NET 程序设计”课程考核模式改革与探索[J]．中国信息技术教育，2012（10）.
[8] 郑久虎．高职 VB.NET 项目驱动教学方法研究[J]．科技视界，2012（33）.

论服装教育毕业综合考核的形式

曾　霞

【摘　要】本文旨在通过对服装教育毕业考核形式展开讨论，拉近目前国内服装专业教育与市场、企业人才需求的差距，进而提高培养人的能力与企业的岗位对接能力。

【关键词】服装教育　校企结合　综合考核　岗位对接　项目教学

1. 目前我国服装教育专业分类

我国服装教育起源于 20 世纪的 80 年代，经过三十多年的发展，全国开展服装专业的高校日益增多，教学已初具规模，办学条件、教学质量和科研水平不断地提高，主要有以下三大专业方向。

一是服装设计专业。此专业重视设计方向和动手能力，旨在培养能在企事业部门、学校、科研单位从事服装设计工作以及教学与研究工作的德才兼备的高级专门人才。而此专业刚兴起时的授课老师多为美术专业的老师，他们难以将设计作品变成现实作品，因此培养的学生也难免动手能力不强，眼高手低。

二是服装工程专业。此类专业重视纸样与工艺制作。而从事此专业教学工作的老师大多是从与服装业密切联系的纺织、染整专业教师转行而来，理论素养不够，专业功底不够扎实。

三是服装设计与工程专业。服装设计与工程旨在培养具备服装设计、服装结构工艺及服装经营管理理论知识和实践能力，能在服装生产和销售企业、服装研究单位、服装行业管理部门及新闻出版机构等从事服装产品开发、市场营销、经营管理、服装理论研究及宣传评论等方面工作的高级专门人才。

2. 当前服装专业毕业综合考核的形式

就服装设计专业而言，老师的评判标准主观性较强，一般视老师喜好而定；而服装工程专业学生成绩的评定标准一般以成衣的版型和工艺情况而定。

学生修完专业所有相关课程后，在老师的指导下设计并制作系列服装（见图 1）。学生所设计的作品将作为考评的依据。最后，进行毕业答辩，老师就学生提供的作品提问，从另外一个方面考核学生掌握知识的情况。

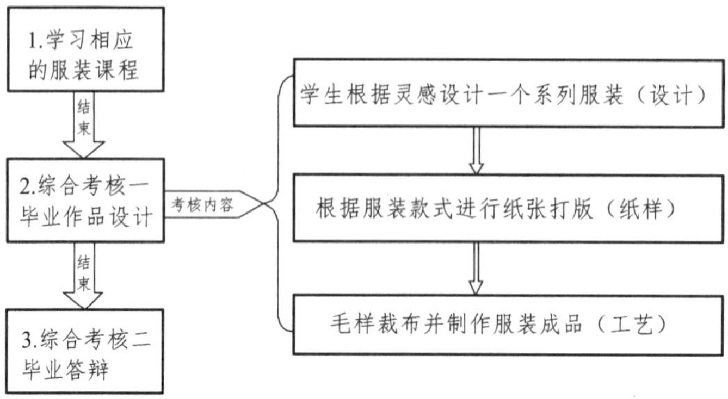

图 1　综合考核内容及流程图

3. 学生毕业后的就业现状

毕业后，学生热情洋溢地涌入了社会，进入社会后发现现实并非自己所憧憬的那样。一些从事设计工作的学生屡屡受挫，自己认为很美很独特的设计却得不到大家的认可，连小批量生产的机会都没有，很多试单的服装进入终端市场后销售成绩并不喜人，而那些自己认为并不起眼的衣服却很畅销，能为公司带来效益。从事纸样工作的学生对于工厂的认识非常片面，且制作纸样工序繁杂，因此效率不高。除此之外，很多从事其他非设计或纸样工作的学生也有这样或那样的问题。这一切指向一点——高校培养的服装专业人才不能满足企业生产、发展的需要。

4. 新型服装专业毕业综合考核形式

（1）综合考核形式之项目教学（见图 2）。

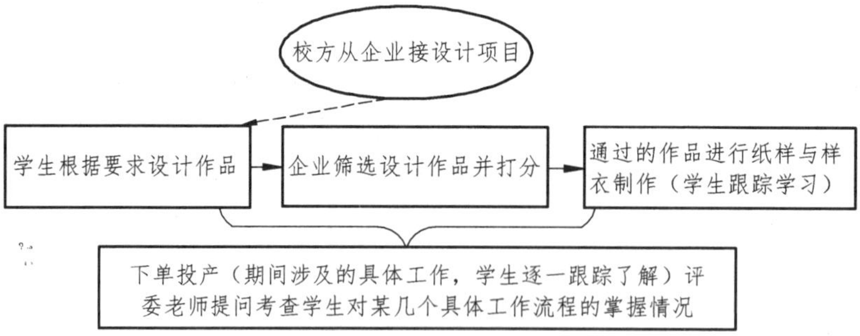

图 2　项目教学流程图

服装教育的目的是为用人单位提供相应对接的人才，基于这一目的，校企结合是必然的。比如，学校可以让对设计方面比较感兴趣的学生参与服装企业的设计项目，把企业的单子接回来，学生必须按照单子的基本要求设计出一定数量的符合该公司风格的服装款式。完成后把作品发到企业，由企业根据要求打分。

企业确认合格的款式后，由喜欢从事纸样工作的学生下到样板车间，观摩纸样车间接到任务后的工作流程。待下班后，学生利用空余场地进行实际的纸样实践操作。

（2）综合考核形式之模拟项目教学（见图 3）。

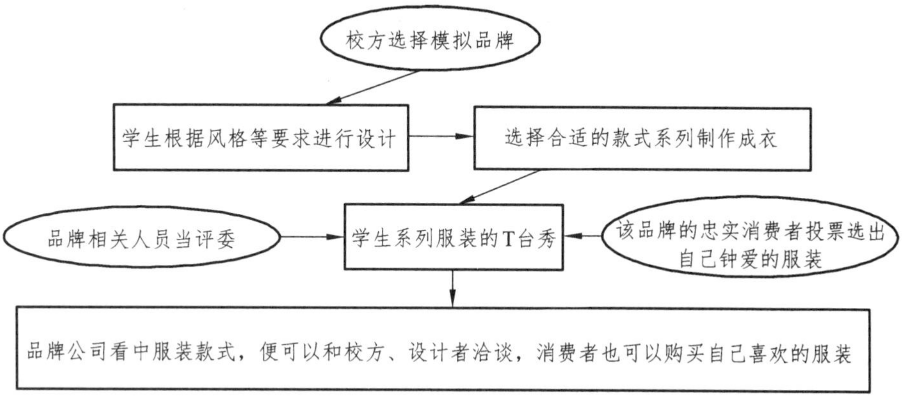

图 3　模拟项目教学流程图

上述所讲的项目教学的后期工作，必须建立在学校有一定的服装实习基地的基础上才能进行。企业是以一定的盈利为目的，而时间就是效率，效率就是金钱，因此，企业不一定会给学校提供那么多宝贵的时间和资源。

如果没有这样的条件，校方也应尽其所能给学生提供一个相似的模拟环境，让学生投入其中。比如可以要求学生根据某个品牌的风格进行设计，成品出来后，邀请该品牌的相关人员进行点评，同时可以听取一些该品牌的忠实消费者提出的建议或意见，以便改进。

5. 总　结

学校要与企业紧密联系，尽力为学生提供向企业学习的机会。要让学生明白什么是市场，什么是好的设计。教师既要传授理论知识，也要指导学生进行实践，理论与实践相结合，学生必然受益匪浅。

参考文献

[1] 范铁明. 对当前服装教育若干问题的探讨[J]. 艺术教育，2005（4）.

[2] 王大明. 关于我国服装高等教育的思考[J]. 设计教育，2004（3）.

[3] 黄嘉. 中外服装设计教育之比较[J]. 宁波大学学报，2001（1）.

[4] 张喆. 从法国服装教育看我国服装高等教育的改革[J]. 宁波大学学报，2001（4）.

探讨壮族传统元素在“服装设计”课程教学中的应用

马　健　覃曼琳

【摘　要】将壮族民族传统元素融入“服装设计”课程的教学中，不仅能提高学生对于传统文化学习、传承、创新的积极性，同时也为现代服装设计注入本土文化的内涵和韵味。本文通过对壮族传统典型元素的艺术特色及其研究价值进行分析，结合“服装设计”课程教学现状，探讨如何将壮族民族传统元素植入教学中。

【关键词】壮族　服装设计　教学方法

一、壮族传统典型元素的艺术特征及其研究价值

在我国的五十五个少数民族中，壮族是人口最多的一个，其艺术文化丰富多彩，无论是从音乐舞蹈、服饰文化，还是从自然风光、民俗风情上看，都具有独特的魅力和艺术价值。

1. 绚烂多姿的壮族锦绣

壮族锦绣包括织锦和刺绣，其中织锦可简称为“壮锦”。壮锦是中国四大名锦中唯一的来自民间的织锦。由于来自民间，其形式自由粗犷、色彩浓艳绚丽，显现出壮族人民爽朗、热情、朴实、勇敢的个性。

壮族锦绣广泛用于壮族人民的生活中，其中壮族的背带非常具有代表性。壮乡人以一种拟人化的称呼，将背带分成背带口、背带心、背带柱子、背带手（包括背带口袋）、背带屁股、背带尾巴六个部分，仿佛一个生命体。”[1]壮族背带由织锦或刺绣制成，或以织锦为主，局部加上刺绣；制作者会依据各种技法、色彩或造型的特殊性，巧妙地加以设计与搭配。织锦和刺绣两种工艺穿插混搭，既增强了构图的灵活性，又使图案更富有层次感，结构、样式和工艺技法精巧丰富。

除了背带，值得一提的还有绣球。绣球是“用五色绸布做有飘带的圆球，仿柑橘或柚子的结构制成，用彩色丝线精心绣制，直径约 2 至 3 寸，以圆形居多，也有椭圆形、方形或菱形，玲珑小巧，造型别致，色彩绚丽。”[2]

2. 意蕴深厚的壮族铜鼓

铜鼓是壮族最有代表性的文化遗产之一。壮族铜鼓历史悠久，具有图腾崇拜的象征意义，一般在祭祀、节日和娱乐时使用。壮族人民对铜鼓非常珍惜，视它为传家之宝、神物。铜鼓有公鼓和母鼓之分，其的声音、纹饰、造型都有所不同。“铜鼓造型有大有小，鼓身上都有浮雕装饰图案纹样，鼓面为重点装饰部分，多为太阳纹、翎眼纹、云纹、乳钉纹、栉纹、游旗纹等传统的纹样作为装饰。”[3]鼓面的中心为太阳纹，它贯穿于整个铜鼓的发展史，太阳纹外沿围绕着房舍家禽、鱼虫鸟兽、花草树木等图案，形成层层环绕同心圆。“这些图案纹样是古老的壮族人所熟悉的事物，表现了壮族人生活的方方面面，纹样造型兼具抽象与写实，形成了清晰活泼的装饰艺术风格，传递着一种古老的文化信息。”[3]壮族铜鼓最特别的是鼓面有蛙的立体塑像作为装饰物，这代表着壮族的图腾崇拜。

3. 壮族大地的梯田艺术

龙脊梯田景观有“梯田世界之冠”的美誉，许多文人墨客们不吝溢美之词赞叹其壮美——“蜿蜒起伏的曲线，如流动的丝绸，肆意在天地间泼洒奔腾。既有大刀阔斧的砍削，又有丝丝入扣的精雕细琢；既显得气势磅礴，又蕴涵着清秀旖旎的艺术情调”[4]。龙胜龙脊梯田规模宏大，从山脚盘绕到山顶，小山如螺，大山似塔，形成一个个的小山包，层层叠叠，高低错落。其线条行云流水，规模气势恢弘，坡度较小，一般在三十度左右，最大坡度也只有五十度。一年四季，随着季节的变化而变化，各具风韵，可谓是人间的奇观。

二、“服装设计”课程教学现状

1.“服装设计”课程教学的“全球化”特征

随着信息时代的到来，全球化是现代社会发展的必然趋势。“中国的设计教育受到了全球化浪潮的巨大冲击，这种冲击主要体现在两个方面，一是西方设计教育中体现的先进技术和先进工艺对我国设计教育的引领和示范作用，另一个是西方设计彰显出的文化意味和观念对我国设计教育的启示。”[5]

“服装设计”课程教学深受西方设计思潮的影响，在教学中强调服装设计的现代感和造型感。服装设计课程常以现代服装造型创意为主进行教学，解决现代服装语言创造及表现技巧。其一，通过对比、渐变、反复、节奏和原型裁剪、立体裁剪等多种形式来构成立体的造型设计；其二，在这个科学技术发达的时代，可以通过电脑软件、扫描喷绘技术等方法来完成现代服装设计。设计理念西化和趋同，或找不到明确的设计方向。

2. “服装设计”课程教学中存在的现实问题及其解决方法

在“服装设计”课程教学中，常常比较注重服装设计作品的现代化表现，而忽视了对学生民族传统文化素养的培养。如果中国的设计教育没有“民族传统文化”作为基础，就没有了“根”和“魂”。因而，在“服装设计”课程教学中，首先，我们汲取西方服装设计的创意方法和技巧，将传统元素融入现代服装设计的教学中，形成中西结合的教学方法；然后，我们在“服装设计”课程中增加一部分“传统文化考察”的内容，我们身处广西壮族自治区，就以“壮族”为例，从身边出发，有的同学本身是壮族，因此对此课程会产生更多的亲切感，而其他同学也可以通过身边壮族同学或朋友了解壮族文化，进而对壮族的传统元素进行考察研究。这样一来，就能有效地促进学生对于传统文化、传统元素的学习和再设计、再创造。

三、壮族传统元素在“服装设计”课程教学中的应用

1. 提出问题，引导思考

将壮族传统文化融入“服装设计”课程教学中，向学生提出教学方案，组织学生学习壮族元素的学习和理解，激发创作热情。壮族元素的考察作为实践教学的一部分，引导学生到广西壮族自治区博物馆、广西民族博物馆、龙胜龙脊梯田等比较有壮族特色的景点进行学习考察，以及通过报纸杂志、网络等途径对壮族的服饰、饮食、风俗、山水风景等元素和文化信息进行收集、记录、学习，为进行服装设计做好准备。在考察了壮族传统元素之后，学生通过在课堂上交流，共享资源。老师要善于引导学生学习壮族元素，以比较直观的形式加强学生对于壮族元素的学习和对于壮族传统文化的认知与理解，从而激发学生的学习和创作的热情。

2. 设置相应课题

课题的设计在艺术设计类专业教学中非常关键，课题设计的优劣直接影响学生对于该课程学习的积极性和创作热情。通过课题作业的形式，培养学生对于壮族元素的学习热情，引导学生将壮族元素应用于现代服装设计。

鉴于壮族元素的素材较多，并且有着不同的艺术形式，在“服装设计”课程教学中，可设计相应课题——“壮族××元素在现代服装中的设计运用”。其中平面的有织锦、刺绣、扎染，立体的如绣球、梯田等，这些壮族的传统元素都可以作为服装设计的丰富素材，通过现代服装设计的表现方法呈现出来。一方面，要求学生从形态上提取传统元素和现代服装设计相结合；另一方面，要求学生从传统文化内涵、意境上提取元素和现代服装设计相结合。灵活应用解构和重构的现代服装设计方法

对传统元素进行重构，形成民族传统文化的现代设计语言转化。

3. 注重学生个性创意

学生对于壮族传统元素在现代服装设计中的融合再创新的学习，建立在学生的个性特点基础之上，学生可以任意选择自己喜爱的壮族元素。在艺术设计中，每一个艺术设计者都有自己的审美偏好和优点，可以引导学生提取传统元素向平面、立体、空间等多维度扩展，通过充分发挥想象，最大限度地挖掘创作灵感，设计出有代表性的作品。

综上所述，壮族传统元素在服装设计中的融入，既符合现代服装设计的要求，又满足了消费者的审美。通过本文的实践和研究，壮族传统元素融入现代服装设计中，对于民族传统文化的学习起到积极的促进作用，有利于激发学生对于民族传统元素的挖掘的兴趣，为“服装设计”课程注入新的活力。

参考文献

[1] 孙敏娜．云南文山壮族背带造型与装饰研究[D]．昆明理工大学，2009.
[2] 陈丽琴．壮族服饰文化研究[M]．北京：民族出版社，2009.
[3] 丁静．浅谈壮族铜鼓装饰纹样在现代设计中的运用[J]．大众文艺，2010（24）.
[4] 黄钟警，吴金敏．精彩龙脊[M]．太原：书海出版社，2005.
[5] 田奎玉，杨波．全球化视域中的中国设计教育[J]．美苑，2014（1）.

第二部分

文化艺术篇

倪云林逸格山水画成因分析

杨一笔

对于倪云林逸格山水画成因分析，笔者认为主要有以下四个方面的原因。

一、社会因素

原因或者很多，角度不同，观点就不同。但社会背景因素是如何也绕不过去的，因为任何事情都是在特定的历史社会背景下发生的。

元朝社会矛盾尖锐。统治者致力对外扩张：1217 年灭西辽；1219 年西征花剌子模，一直进攻到伏尔加河流域；1227 年灭西夏；1276 年，攻陷南宋都城临安，至 1279 年，南宋灭亡。由于当时的蒙古族生产力和文化水平都相对落后，在征服和统一的过程中，激化了许多社会矛盾。

元朝政府还推行“种族歧视”政策，把统治下的人民分为四个等级：即蒙古人、色目人、汉人（包括契丹、女真、高丽等族）和南人（指南宋遗民），由此决定了社会上各等级的人在政治、经济、法律上的权力和地位。地位最高为蒙古人，最低为南人。江南的汉人被划分在社会的最底层，这种带有严重民族歧视的等级制度，对一向自命清高的江南文人产生了强烈的冲击。

同时，元朝的政治制度简陋，法令粗放，而在各等级上的区分却非常严厉苛刻。元时期的人被分为十等：一官、二吏、三僧、四道、五医、六工、七猎、八娼、九儒、十丐等，自古以来“经国理民”的儒士被列为次于娼妓、仅高于乞丐的第九等，可见元代文人社会地位之低下。元代统治者还废除科举制度长达八十多年，断绝了文人士子的晋身之途，致使一向以“修身、齐家、治国、平天下”为人生理想的汉族士人阶层仕途无望，报国无门。

在这样的政治气候和社会环境中，文人士子只有寻找新的寄托，不能“治国平天下”，便退而“独善其身”。他们有的隐逸于山林，有的寄情于书画，表达自己“超凡脱俗”的情趣，抒发抑郁苦闷的心境。有的以毕生精力从事绘画，取得了卓越的成就，倪云林便是最出色的一位。“当士大夫阶层的人们不容于官场仕途，又别无出路可寻时，就只好藏形骸于山川，寄情思于笔墨，让山水之美、自然之气净化胸中的块垒了。”“正是基于这种特质，赋予元代山水画以特有的时代特征，这就是文人士大夫们进一步把创作演变成个人抒情言志的手段，强化了创作中的主体意识和自娱功能，从而使以情结境、讲究笔情墨韵、去除刻画、讲求率真成为创作的主体倾向。”元朝的政治制度对于文人雅士实现“治国平天下”的宏愿可能是不利的，但对于中国绘画特别是山水画的发展却是有利的。

元代文风兴盛，戏曲成就最高。山水画也受元初画家赵孟頫“复古主义”影响，师法五代、北宋传统，开拓创新，发展了中国山水画笔墨技巧的表现力，在绘画史上写下了最为壮观的篇章。尤其是倪云林，他的绘画体现了元画“高逸”的最高峰，而他的“逸笔草草”“聊以写胸中逸气”也最能道出元代的绘画精神。

二、地域特征

倪云林出生于无锡梅里抵陀村（今无锡县东北塘），此“地胜俗淳”，江南水乡，四季分明，风物温润，景色优美。这是其前半生读书习艺，修道参禅之所。53 岁后倪云林迫于俗务弃家漂浮太湖二十多年，太湖的湖山美景波光浩渺，水清鱼跃，苇绿莺飞，让这位失意文士能借此放浪形骸，逃避凡尘俗事，独守这份宁静。倪云林一生不曾离开此地，其山水画实践亦以这里的风物为描绘题材，他的成就也因这里的山水特征而获取。

太湖周边都是一些百多米高的小山，坡平岩秀，与太湖相连，露出水面的坡石坚硬有明显圭角，湖边芦苇成林，杂树参差。倪云林抓住了太湖地区沉积岩的断面纹理特征，在总结了前人特别是黄公望“披麻皴”的基础上创造了“折带皴”，并把李成的空间图式发展成“一河两岸”三段式的简逸构图法式。太湖风貌对于倪云林的“逸格”山水画相当重要，倪云林对太湖一带的湖光山色有着独特的体会，“折带皴”是最贴切表现这里的坡石质感和最恰当表达他艺术精神的语言形式。近坡数株杂树，远处一抹云山，中间一汪湖水，“一河两岸”三段式的简洁图式是对太湖山水的典型概括，是表现逸远、超脱、豁达意境的最佳手段。从另一个方面来说，也正因为这里的地域风貌，给予画家以独特的灵感与启迪，让倪云林能在前人的基础上创造简逸疏朗的高逸山水画。

三、艺术本体的发展

中国山水画发端于六朝，在唐五代得到迅速发展，宋代便已成熟，元代达到高峰。元代的高峰是以黄公望、王蒙、吴镇、倪瓒等“元四家”的山水画成就为标志的，特别是倪瓒（字云林）的山水画，别具一格，成就了“逸格”的审美规范。

中国山水画的功能最初是用来“体道”的。

南朝宗炳的《画山水序》是中国山水画理论研究的开篇之作，中有论述：“圣人含道映物”“山水以形媚道”。宗炳是一位忠实的老庄信徒，一生畅游山水“澄怀味像”，但其游览山水并非是“偷闲学少年”，而是为了品味圣人之道。

“因为贤者必须品味由圣人之道所映之物象。对道才知之深刻。……因为宗炳的浏览山水，不是游玩，乃是一生的‘工作’而不能放松……但人老了，病了，不能再游山水了，岂不中断了对圣人的学习，‘洗心’不也受到损失吗？那就必须想办法弥补这种损失。于是他要‘卧以游之’就是要躺在床上游览山水，所以这办法就是将山水画出来。挂在墙上，或干脆画在墙上，卧在床上，看着山水画也一样地‘游览’，一样从中体道。”

畅神是宗炳山水画的最高追求。他认为“万趣”与神志融合之后，才会物我一体，使自己精神舒畅，并显现出“道”来。“妙会感神”，捕捉山水的精神美，以无我之心契合对象的精神美，达到物我一体的精神境界，从而创作出一幅凝聚作家心灵世界的作品。

“传神论”是顾恺之就人物画提出的，但宗炳落实到山水画上，追求“形神兼备”这种思想一直影响着中国山水画的发展，直到文人画理论的确立。

其实，文人画的思想早就出现，南北朝姚最“不学为人，自娱而已”便是，但当时这也只是片言只语的散论却没有实践者，直到唐代大诗人王维主张“以诗入画，诗中有画，画中有诗”并身体力行去实践，致使他的绘画作品成为后世文人画家的范本。苏轼比较全面地阐明了文人画理论，主张“论画以形似，见与儿童邻”“以书入画”。宋代文人画尚“意”，把玩“墨戏”追求一种“闲”“逸”的意趣，这是当时文人为了涤除烦恼，消解怨愁，摆脱世俗纷争表现出来的超然态度。“不求形似”“以书入画”使得文人画成为表达画家个人心灵感受实现人生精神追求的形式，也使得绘画从追求客体的“形”“神”到追求主体心性的流露与表达。因此，文人画的功能已不再是为了“体道”而是“自娱而已”“聊以写胸中逸气”，绘画理论也从重在再现的“传神论”“以形写神”发展到侧重表现的“墨戏说”“不求形似”。

同时，绘画技巧经唐五代和宋代“三家山水”的发展已日趋成熟，表现不同山水形态的皴法不断完善，郭熙在《林泉高致》中提出“三远法”（自山下而仰山巅谓之高远，前可窥山后谓之深远，自近山而望远山谓之平远），丰富了对自然景物的观照方式。绘画技法的成熟和绘画理论的完善对元代的山水画走向巅峰具有重要的意义，倪云林的创作高度正是得益于此。

四、个人的审美趋向

倪云林的好友周南老在《元处士云林先生墓志铭》中记载“十世祖硕仕西夏，宋景枯中使中朝，留不遣。徒居淮甸，占籍都梁，为时著姓。建炎初，五世祖益挈其家渡江而南，至常州无锡，侨无锡梅里之抵陀（今无锡县东北塘），爰其地胜俗淳，遂定居焉。厥后族属寖盛，货雄于乡。高祖汲、曾大父淞皆厚德长者，隐而弗耀，大父椿、父炳勤于治生不堕，益隆。”

倪家祖上为望族，定居无锡后在当地属富贵豪门，这给早年倪云林的生活和教育提供了优越的条件。倪云林幼年失父，由长兄倪昭奎抚养长大。倪昭奎是元代道教上层人物，社会地位很高。倪昭奎建玄文馆，聘请当地名儒王文友（仁辅）教弟弟读书，使得倪云林自小便深受儒道思想的影响。倪云林勤奋好学，文化素养深厚，这为他后来从艺从文具备敏锐的眼光和良好的悟性奠定了基础。

倪云林“平生无他好玩，惟嗜蓄古法书名画”。据卞永誉《式古堂书画汇考》与张丑《清河书画舫》等书记载，他家藏有大量书画名作，书法作品有：钟繇《荐季直表》、王献之《洛神赋十三行》、陶隐居《画版帖》、智永《月仪帖》、褚遂良《楷书千字文》、钟绍京《通甲神经》、张旭《秋深帖》、米芾《宝章待访录》、薛绍彭《四帖》、赵孟頫《小楷过秦论》。绘画作品有：张僧繇《星宿图》、吴道子《释迦降生图》、王维《雪蕉图》、常粲《佛因地图》、荆浩《秋山图》(一名《秋山晚翠图》)、李成《茂林远岫图》、董源《河伯娶妇图》、李公麟《三清图》、米芾《海岳庵图》、马和之《小雅六篇图》等等。

这些丰富的藏品为其学习书画提供了便利，其中许多作品对他影响很深，1359年他在《树石远帕图》画跋中云：“余尝见常粲《佛因地图》，山林木石，皆草草而成，迥有出尘之格，而意态毕备。及见高仲器郎中家张符《水牛图》，枯柳岸石，亦率意为之，韵亦殊胜。石室先生，东坡居士所作树石，政得此也。近世唯高尚书能领略之耳。余虽不敏，愿仿象其高胜，不敢盘旋于能、妙之间也。”

其中提到的“山林木石，皆草草而成”“率意为之”“不敢盘旋于能、妙之间”等都注重“意”的抒发，影响倪云林对于“逸”笔的追求，是其最终形成“逸笔草草”画学思想的渊源。

当时，画坛深受赵孟頫的影响。元初画坛领袖赵孟頫面对陈陈相因的南宋院体遗风提出“复古”主张，提出远师唐人以及五代、北宋传统，技法上重在抒发个人情怀。这种思想对元代影响很大，黄公望说：“作山水者，必以董为师法，如吟诗之学杜也”，“近代作画，多宗董源李成二家”。

董其昌《画禅室随笔》中也提道：“元季诸君子画惟两派，一为董源，一为李成。成画有郭河阳（熙）为之佐，亦犹源画有僧巨然副之也。然黄、倪、吴、王四大家，皆以董、巨起家成名，至今只行海内。”又云：“倪云林、黄子久、王叔明皆从北苑起祖。”由此可见，倪云林山水画师出南唐董源，如《水竹居图》运用的披麻皴便是受益于董源的《潇湘图》。“折带皴”就是在此基础上发展起来的。

倪云林善画寒林疏树，却是学习了李成。倪家藏有李成的《茂林远帕图》，他朝夕揣摩，得其真意。董其昌云：“枯树则李成，此千古不易，虽复变之，不离本源，岂有舍古法而独创者乎。倪云林亦出自郭熙、李成，少加柔隽耳。”又说：“云林画法，大都树木似营丘（李成），寒林山石宗关仝，皴似北苑，而各有变局。”从现存倪云林山水画在取材、布局上来看，有很多地方与李成画风相仿。

倪云林对书法研究很深，成就很高，书风既有汉隶遗风又具清妍古朴之风采。钟繇《荐季直表》字形稍扁具汉隶韵味，对他影响最大，后来涉猎“二王”又习得魏晋风采。难能可贵的是倪云林能把书法的用笔特征溶入绘画用笔中，而且又能将诗文题跋自觉地当作绘画形式的构成元素加以运用发挥。倪云林书画风格极其一致，书法用笔与绘画用笔状态两相引发，浑然一体。这不但为其逸格山水画解决了语言问题而且也为意境浓郁了“逸”意。

“逸”贴切地表达了中国文人所追求的那种清高、旷达、超脱、飘逸的生活情趣和审美理想，具有悠久的历史和深厚的文化渊源。“逸格”山水画是评品绘画艺术的标准，是一种艺术思想，是文人画的本质特征。倪云林的“逸格”山水画将文人画推向高峰，成为文人画的典范，百代标程。

参考文献

[1] 皮道坚. 当代美术与文化选择：古典艺术之探究[M]. 南京：江苏美术出版社，1998.

[2] 杜哲森. 元代山水画基本格局与审美心态[J]. 美术研究，1984（4）.

[3] 薛永年. 百年山水画之变论纲[J]. 新美术，2006（4）.

[4] 俞剑华. 中国画论类编[M]. 北京：中国古典艺术出版社，1957.

[5] 陈传席. 西山论道集[M]. 沈阳：辽宁美术出版社 2004.

浅谈岭南古民居建筑装饰艺术

——以广西桂东南高山村为例

杨一笔　　李　薇

【摘　要】高山村古民居建筑群具有浓郁的地方特色，如脊饰、灰塑、壁画、木雕、漏窗等建筑装饰艺术丰富多彩，装饰手法多样，表现技法精湛，充分体现了岭南地区古民居建筑巧、美、秀、雅的风格。其触目皆是建筑装饰艺术给我们呈现的这样的一幅家园景象：山水之间，承载理想，居家养性的诗化栖居空间；高山村古民居建筑装饰艺术是岭南客家先民的形象思维中具有象征性思维的表现，表达人们对美好生活的强烈向往之情；高山村古民居建筑装饰艺术是对儒家文化的一种“视觉传承”，将中华民族的宗教与道德信仰等抽象变成可视具象，其“视觉传承”使古老文化的意涵、思维、形象、感知得到和谐的统一。

【关键词】岭南文化　建筑装饰艺术　高山村古民居

高山村位于广西玉林市，其古民居群是以岭南地区宗祠文化为主要特色的明清古建筑群，至今已经有 430 多年。高山村古建筑是以两广地区宗祠文化为主要载体的民居群，保存着明清古宗祠 13 座，古民居 60 座 150 幢，古火砖巷道 9 条，以及古墓、古井、古戏台、古剧场、古石碑、古围墙等一批古建筑，浓缩着深厚的明清民居民俗文化底蕴。这些古建筑大多保持完好，以绍德祠、思成祠、致齐祠、聚星楼、拔谋故居、企岭巷为典型代表，历史文化内涵深邃，建筑装饰风格独特。其中，李拔谋进士第和牟日铢故居是最典型的古民居代表。两座民居的风格是主房高大而重院深藏，坐西向东，门户向阳，屏风屋屋遮掩。前半部疏阴开阔，有影壁、屏风点缀，典雅幽静；后半部逐层攀升，飞檐屋脊纵横，庄严肃穆，人称“聚龙窝凤”。院落则由厅、屋、厢房、耳房组成，四进三厅或三进两厅，为岭南四合式结构。上厅供祭祀、族长议事，中厅接宫议政，偏厅接客会友，楼厅藏书课子，厢房横屋起居饮沐、家庭聚居，集政、住、居、教于一体。

作为中国民居的重要分支，岭南民居在漫长的发展中，既有南越遗风又不乏汉文化哺育，兼受西方文化与殖民经济的冲击，具有多元层次特征。岭南古民居建筑分布在西江、北江和珠江三角洲一带，融汇了博大的中原文化和质朴的地方文化，并结合当地的气候条件和营造技术，不仅在聚落选址布局、建筑空间规划、水乡景观营造等方面自成体系，在建筑详部装饰与装修等方面也积累了宝贵的经验。如西江流域的高山村古民居建筑群体现了浓郁的地方特色，其脊饰、灰塑、壁画、木雕、漏窗等建筑装饰艺术丰富多彩，装饰手法多样，表现技法精湛，绘画线条流畅，装饰构图优美，充分体现了岭南地区古民居建筑巧、美、秀、雅的风格，同时也将能工巧匠的艺术才华和丰富的想象力、创造力表现得淋漓尽致。游览高山村古民居建筑群，触目皆是建筑装饰艺术，将人带入古人居住的生活环境，看看他们是怎样借助谐音和相应的形象，将对美好未来的幻想、祝愿、憧憬描绘成了具有确切寄寓和名目的装饰造型，而这些韵致隽永、雅趣天成的装饰物，将会让你体验到真、善、美和无尽诗意。

一、脊饰构造与灰塑装饰+艺术的完美结合

岭南地区是中国较迟发展的地区，移民人口比例较多，文化结构复杂，自然环境独特，多地缘文化的交融，使岭南形成了以独特的硬山建筑为代表的民居形式。高山村古民居属岭南民居一派，其装饰重点一般位于构件交接处或建筑转折的地方：房屋最高、离天最近的屋正脊，自然首先受到关注和强调。正脊被饰成多种形式的考究脊身，更有点睛的宝顶，同时鱼吻、兽吻、鸱尾相随相映。硬山墙顶的垂脊同样精美绝纶。岭南建筑脊饰历史悠久，据记载源自明末，是岭南人民长久以来对自身生产生活、宗教信仰、民俗观念的艺术化表现。而灰塑在岭南古建筑中有着重要作用。据文献记载，早在 9 世纪，灰塑就已经存在，而从最繁盛的明清时期算起，灰塑至少经历了 500 年以上的繁荣发展期。灰塑是岭南建筑的传统装饰艺术，精致细腻，色彩艳丽，题材丰富，主要用在门额窗框、山墙顶端、屋檐瓦脊、亭台牌坊等处美化装饰，与传统的岭南建筑三雕（砖雕、石雕、木雕）齐名。其原材料主要以石灰为主，具有耐酸、耐碱、耐高温、防水、防台风等特点，适合炎热潮湿的岭南气候。而这些主要是由石灰的功能决定的。灰塑中的石灰在砖木结构的古建筑中起到了“黏合”的作用，黏合砖、木、瓦片、陶瓷，从而可以防水防雨，保持结构，还可以抗台风。瓦片一片片叠上去，如果没有高大的屋脊压住，缺乏重量，瓦片就容易抖动。在设计灰塑屋脊时，瓦面越大，灰塑越高。灰塑包括画和批两大类，画即彩描，它是灰塑中的一种平面表现形式，着重于色彩“描”和“画”。批即灰批，是指有凹凸立体感的灰塑做法，分圆雕式和浮雕式两种。灰塑明代多有运用，清代普遍流行灰塑和陶塑相结进行装饰，民居装饰中屋脊、山墙、檐楣、照壁、门头等易受人注目的墙面，以及露天的部位装饰多用灰塑和陶塑。如灰塑是用石灰、麻刀、纸浆和铁丝等塑制而成的饰件，表现形式有浮雕、圆雕等。灰塑制作自如，可塑性大，常用在脊饰和檐下，也可塑成翼角、鳌头、走兽等立体饰件。其工艺特点是玲

珑通透，层次分明，主题突出，如广东佛山祖庙两旁门额的灰塑有“暗八仙”“四艺”等。如陶塑瓦脊是指用泥塑好的形象经过窑火煅烧而成人物形象工艺品，如将岭南民间艺术引进瓦脊装饰，脊饰人物的面形在写真的基础上，融入戏剧面谱，如大花脸、武生、花旦、小生、丑角或仙佛形象等，人物形象通俗，身份、性格表现突出。它有不怕风雨、久保色质的优点，在布局和塑造上表现严谨，线条明朗简练，造型错落有致，富有韵律美。

高山村李拔谋进士第民居灰塑脊饰很有代表性，其第屋顶奇角翘峨，主要建筑正脊、垂脊皆堆有象征吉祥如意的图案，灰塑装饰有博古、卷草、鹊尾、松梅、牡丹、菊花、金鱼、莲、螃蟹、吻兽等多种形式及体现福禄寿、子孙满堂、科举高中等寓意的图案。整个建筑群共有 9 条灰塑脊饰，其中规模最大、制作也最为精美的是承绪堂上的脊饰，这条脊饰长 12 米，正反两面共计 24 米，灰塑基座高达 0.7 米，一共塑造了近 60 个图形及图案。如在灰暗的屋顶上，采用线条优美的脊饰，利用色彩及形象的变化，强调建筑的轮廓线，表现生动的节奏和韵律。通过灰塑装饰技艺予以重点装饰和点缀，这种用蚌壳等海贝制成的材料，表现形式精细雅丽，饰以古拙、幽雅的雕刻图案，有平面雕、浮雕、透空雕和立体形多层次雕等。装饰的工艺处理精巧、细腻，形象生动，充分体现了当时工匠的创造力。

高山村的祠堂正脊脊饰常用鳌鱼，其鳌鱼造型打破传统的做法，将鳌鱼的两根长须做得很长，伸向天空，颇有飞龙在天之气势。鳌鱼相传为龙生“九子之一”，属水，古人常将其饰于屋脊来消灾镇火，同时蕴含金榜题名，取独占鳌头之意，既体现了岭南山水文化的特征，又以夸张的手法表达了普通民众消灾祈福、希望子孙后代独占鳌头的美好愿望。如此众多的题材采取连环画的形式呈现，均体现着岭南普通百姓入世、入俗的生活情趣与理想追求。在灰塑装饰纹样的选择上大量采用具有岭南特点的瓜果、蔬菜，如荔枝、凤眼果、丝瓜、水瓜、菠萝、葫芦瓜等，动物纹样多采用鹊鸟、松鹤、麒麟、凤凰等吉祥图案，还有表示荣华富贵之意的玉堂寿带鸟和牡丹组成图案；除此之外，还有表示“瓜瓞连绵”子孙繁盛的各种缠枝瓜果图案。其灰塑装饰纹样的选择表明岭南人民祈愿风调雨顺，吉祥平安的民俗愿望。

二、壁画平面化装饰与室内装饰的多层次

壁画彩饰是高山村古民居主要的装饰手法，多位于檐下的墙楣，是对墙角与屋面的过渡处理，用线条勾勒描画是岭南古民居壁画彩饰最重要的初始步骤，其后画师在线描的轮廓中进行画幅的逐层染色，如同中国画的工笔形式。线的作用在这里十分明确，由线界定所有内容的基本形态，用线隔离划分不同的题材区域，用线区分不同的色块。高山村古民居壁画装饰的线条种类相当灵动，有实线和虚线两种。前者存在于平面彩绘勾勒，后者隐藏在相互依存的形与形之间。在实线和虚线中，又存在着曲、直之分，直线和曲线在装饰图纹中大量使用，造就了丰富的形式美感。

由于线的“内在声音”表现为它的张力和方向，因而直线和曲线在它最简洁的形式中表现出运动的无限可能性。曲线和直线的结合，也使装饰图纹体现了感性与理性、阴柔与阳刚、动与静等形式美感的对立统一。檐下彩绘壁画每座从十幅到三十幅不等，内容包括吉祥花卉、自然风光、历史典故、社会生活等。壁画或鲜艳或凝重，以历史人物、吉祥题材、教化故事、花草虫鱼、山野风光等为主题，描绘生动，体现人们对幸福生活的追求。

以线描和填色为主的平面化装饰手法是贯穿岭南古民居内墙壁画中的常用手法。平面化装饰手法因其便于掌握而在岭南客家装饰民居时被普遍运用，展现给观者的是借视觉图像达至教化和审美的空间界面。另外，岭南客家民居壁画装饰中却包含了多层次的表现空间。首先，在图形之间的重叠和穿插中，不同的图形被镶嵌在同一个空间力场内，卷草纹常常被放于最底层次或边缘空间，主题形象或主体纹饰被放于最上层的中心，中间层次饰以相关的次要纹样，在平面空间中创造出视觉立体感。其次，以中国画长卷的形式为装饰空间的每一绘画主题区域被多场面的人物形象、山水花卉所连接，强化了中心图形及主要人物形象的视觉力场。

高山村宗祠建筑壁画还有一个重要题材，即科举，包括科举书籍、蟾宫折桂、平升三级、连中科甲、蒙课图、喜报春魁图、高官留子图、太狮少狮图等。通过形象化的科举艺术教育，激励族中子弟发奋读书，最终出人头地、光宗耀祖。在壁画上强化忠孝节义思想，运用了大量的历史典故，如“桃园三结义”“三顾茅庐”“兄友弟恭图”“唐氏乳姑”“戏彩娱亲”“单衣顺母”等。如“三顾茅庐”造型写实，线条简洁，风格粗率，不注重对象细节的刻画，着重表现人物的神韵，特别是诸葛亮的形象，其儒雅倜傥之形表现得入木三分，从而增强了视觉的空间维度。虽然其仍然以平面化装饰手法为主，但是却借助物体存在的三维空间，突破了观者“看”的局限，使居于其中之人产生身“临”其境之感。

三、木雕装饰的繁复与视觉秩序感共存

木雕有透雕、浮雕、圆雕等三种形式，应用于门窗、雀替、挑首、承重仿等装饰部位。木雕繁复往往是无以复加的繁复花纹从室内墙角、木柱一直蔓延到窗户乃至多个挑梁、雀替、檐板，提门，充满想象力的神性动物图案、卷曲的植物花纹、各种各样神秘的符号与层层叠叠的边饰组合在一起布满了整个空间，似乎刻意在制造一种繁花似锦的桃花源景象。高山村民居建筑中木雕装饰的复杂与其所依附的古拙建筑物以及其他生活空间的简朴形成鲜明对照。对崇尚简洁的现代都市人而言，这种精雕细刻不能不说是一种过度的繁褥。但高山村先民对这种风格的偏爱似乎已经达到了一种极致，他们勤俭节约一生，将所有财富凝聚在民居里，并对这有限的空间进行装饰，为的就是实现这种形式美的理想。高山村古民居建筑中的木雕装饰

图案中以鸟兽虫鱼、自然山水、花卉果木等自然景物为题材的纹样比比皆是。思成祠前镂空雕刻缠枝纹的石栏杆，配以各种花鸟果品为题材，就连望柱头也雕刻岭南具有代表性的水果，技艺精湛，栩栩如生，使人仿佛置身于岭南果香鸟语的自然之中。

但当观者置于其中仔细欣赏，会发现原来看似烦琐的花纹其实俨然呈现出一种秩序感。由动物或植物纹样、圆形或方形的几何符号构成的主题单元居于画面空间的视觉中心，每一单元均被多层次的二方连续所强化和规范，多个单元又相互连接，构成一个富有节奏和韵律的整体，呈现出一种强烈的秩序感。木雕手法精细，如意云纹、团花、石榴、麒麟等变化多端，构图饱满几乎不留空处，刀刀过处乃是千姿百态，分外丰满。高山村的木雕装饰图纹通过对称、重复、中心发散、对角相交等各种构图方式，以及抽象几何图案、全正面或全侧面的具象图案来实现平衡感。那些相对自由的单独纹饰，也都被限定在对称的几何框架内，成为有规有矩的纹样；周围的边饰纹样也沿水平或垂直方向左右、上下延伸，呈现有序的方向感。如雀替位于柱与枋相交处的柱旁枋下，原本以协助枋承重，起结构作用的木构件，后来不作承重，只是装饰的构件，轮廓外形呈三角形，雕刻图案，彩绘贴金，具有强烈的装饰作用。繁复感与秩序感在木雕装饰图纹中既融为一体，又形成鲜明的对照，使装饰图纹成为岭南民居建筑形态中最容易被视觉感知的部分。

值得一提的是房梁上的木雕驮梁兽。房子的房柱与房顶是不直接接触的，柱顶有一只驮梁兽把守，似狮似麒，稳定地趴在房柱上，坚挺地背着沉重的房顶。过眼云烟，转瞬就是上百年。它在居高临下地关注着房子主人的兴衰变迁，悲欢离合。木雕驮梁兽木雕装饰艺术是一个很重要的表现载体，也是古民居建筑的灵气精魂所在。高山村木雕“图必有意，意必吉祥”，门窗、前廊、外檐、梁垫、梁头、斗拱等部位的木雕装饰大都取材于历史佳传、民间故事或富有寓意的花草、动物形象。反映在纹样上那便是穿花屏风上的喜鹊梅花和宝鸭穿莲等，通过借喻、比拟、双关、象征及谐音等表现手法，赋予求吉呈祥、消灾免难之意。可见高山村木雕主题鲜明、构思精妙、趣味盎然且技法娴熟，富有独特的格调和浓烈的感情色彩，是传统耕读文化、田园文化的真切表达。

四、漏窗空间的趣味与几何化装饰特色

漏窗是花式砖墙的一种，即在墙洞处用砖砌成菱花或做出竹节的雕饰，在苏州、上海被称为“花墙洞”，是园林之中最为常见的墙垣形制。漏窗具有“避外隐内”的作用，宜建于园林内部的分隔墙面上，这样方能造就出空间似隔非隔、似瞧似现、景随人动的视觉效果。不宜建于外围墙上，避免泄景。漏窗具有采光与通风的实用功能，漏窗本身丰富多变的图案在建筑外观上起装饰作用，同时，漏窗有“障景”“泄景”之功用，能增加景物的层次感、正如《园冶》中说：“漏砖墙，凡有眺处著斯，

似避内隐外之义。”

高山村古民居的漏窗建筑装饰艺术有着悠久的历史，形成了清逸、舒朗、恬淡的设计风格。漏窗大多用于古建筑中分割空间的各式墙体上，使平板的墙面产生变化和灵动。分割景区时可使空间似隔非隔，景物若隐若现，富于层次，增加景深，还能产生人移景异的效果。同时，它还兼有通风采光的功效。而其本身的图案又具有装饰性，在不同的光线下可产生富有变化的阴影，给人以变幻无穷的美感。此外漏窗还是视觉空间的延伸，使人深居高墙大院内亦常可获得境外生动自然的画面和空间。高山村古民居的漏窗从外形上看大体可分为圆形、方形、长方形、横长方形、八角形、扇面形、菱形等多种形式。而从构造材质上来看，又可分为木雕漏窗、砖框灰塑漏窗、板瓦漏窗和石雕漏窗，而木雕漏窗和砖框灰塑漏窗不易保存，故现存传世的多为砖瓦和石雕漏窗。

一般来说，走廊上成排的漏窗，其形状尺寸、间隙多相通或相近，而形状较为独特的扇形、花瓶形、如意形，由于体形优美，多是单独出现在廊道的转折处或视线宜于集中的地方，以点的形式展现，从而形成视觉和审美焦点。因此，单个漏窗是整个墙体上的点，多个漏窗组合成一线，随着墙体的高低地势形成无形流动的线，给人带来形式美感。形态的抽象化主要体现在岭南客家民居装饰中广泛使用的漏窗几何图形上。他们以十字形、圆形、方形、长方形、八角形、扇面形、菱形为基本形，通过不同方向和角度的交错组合，融入直线、方格和弧线，创造出各种各样多角形的漏窗符号单元，再将其进行套叠、扭结、旋转、连接，派生出漏窗更多更复杂的几何图形。钱眼纹、十字纹、水波纹、几字纹、回纹等都是常见的抽象几何图纹，这种墙体和青砖所形成的点、面、线形成了一种视觉上的美感。漏窗具有质朴的自然美，其砖、瓦、竹、木或混凝土等大自然的恩赐在匠人的手里玩味，丝毫没有雕琢的痕迹，质朴的自然物融合到人工的创造中，形成一扇扇精美的漏窗。其质朴的素材、通俗的题材、淳朴的工艺共同营造了岭南古民居清新、恬静的自然风格，达到了“虽有人作，宛自天开”的自然境界。

岭南客家民居装饰漏窗还常常采用具象的描绘来与之互补。如岭南瓜果及汉字变形，其图形保持了自然形态中的基本状貌，常常被描绘在被几何图形分割的视觉空间力场中的重要位置，大大丰富了图纹的内容。相对于几何形态而言，具象的形态常常因其更能充分表达主题而容易引起关注，具有更强的亲和力和可识读性。此外，抽象的几何图形不仅有自己的独立符号意义，还为具象图形提供了适当的背景力场。在岭南客家民居漏窗装饰图纹中，抽象形态与具象形态共存，产生了互为补充的空间视觉效果。

五、高山村古民居建筑装饰语言解读

高山村古民居建筑装饰艺术（脊饰、灰塑、壁画、木雕、漏窗等）涉及天地自然、祥禽瑞兽、花卉、人物、文字以及大量的吉祥组合图案，既反映了广西桂东南民俗的精华，又映射“岭南文化”的儒雅之气。建筑装饰造型、图案、色彩等反映了岭南先民的哲学、文学、宗教信仰、艺术审美观念、风土人情等。它既是我们可以感知的、物化的知识力量构成的物态文化，又属于精神创造领域的文化现象。

高山村古民居建筑装饰是岭南客家先民形象思维中象征性思维的表现，是借助于装饰中具体的形象符号，启发人们把握事物的抽象意义，表达岭南人的思想情感的思维表现，表达了客家先民对美好生活的强烈向往。从其装饰题材内容的多样性、设计手法的多样化中我们可以看出，在长期生产生活中形成的吉祥符号具有广泛的通识性，是中华传统文化对岭南古民居建筑装饰广泛影响的结果。

高山村古民居建筑装饰艺术是对儒家文化的一种“视觉传承”。其脊饰、灰塑、壁画、木雕、漏窗等装饰艺术将中华民族的宗教与道德信仰等抽象变成可视的具象形态，“视觉传承”在最短的时间使古老文化的意涵、思维、形象、感知得到和谐的统一，其作用是不容忽视的。高山村古民居建筑群蕴含的美感是历史文明浓缩的精华，具有长久的魅力，耐人寻味，深厚而隽永，使我们的心灵沉浸在美的甘露之中，获得净化。

参考文献

[1] 陈国河，等. 玉林市志[M]. 南宁：广西人民出版社，1993.
[2] 刘庭风. 岭南园林广州园林[M]. 上海：同济大学出版社，2003.
[3] 陆元鼎. 岭南人文·性格·建筑[M]. 北京：中国建筑工业出版社，2005.
[4] 周利理. 玉林旅游文化研究[M]. 南宁：广西人民出版社，2010.
[5] 刘才刚. 广州陈家祠的岭南建筑艺术特色[J]. 南方建筑，2004.
[6] 杨军林. 郑板桥人居环境思想研究[J]. 装饰，2007.

美术作品比赛活动与美术创作课的关系研究

杨一笔

【摘　要】美术作品比赛活动与美术创作课的关系非常密切，比较权威的美术作品比赛活动对美术界具有较强的导向作用，同样对美术创作教学影响重大。那么，怎样在美术作品创作课堂中发挥“美术作品比赛”活动的导向作用呢？本文认为要抓住学生的兴奋点来设计课堂教学；要系统分析参展作品的信息，开发利用好活动教学资源；要鼓励学生积极创作作品，参加各种专业作品比赛，以赛促学，以赛促教，以赛促研；除此之外，还要坚持自己的特色优势，甄别性吸收展览活动中的各种元素。

【关键词】作品比赛活动　美术创作课　导向作用

一、问题的提出

在当下的美术界，举办各级各种的美术作品比赛活动来推动美术文化的发展，是行内最为盛行的现象，其级别有高有低，规模有大有小，影响力也有强有弱。本文所提及的“美术作品比赛活动”，是指高水平高质量的能反映当下美术界前沿研究成果的作品比赛展览活动。关于美术作品比赛活动与美术创作课程两者的关系，从美学的角度来分析，它们是一个问题的两个方面，都属于艺术美范畴。“美就其存在形式而言，可分为现实美和艺术美两大类。现实美包括自然美与社会美。”[1]“艺术美是由艺术活动的主体创造出来的，艺术活动的主体大致可分为生产主体和消费主体两大类。”[2]我们在分析艺术美的时候通常将其归纳为三大内容：艺术美的创造、艺术美的欣赏、艺术美的教育等。美术作品比赛活动，属于艺术美的创造活动之一，在当下，艺术产品——美术作品主要是通过作品比赛展览活动向观众展示，让观众在展览活动中欣赏接受传播艺术产品。高等教育美术作品创作课正是为培养艺术美的创作者而开设的必修课程。美术创作课程是一门主干课程，对将来从事美术创作人员来说非常重要。它主要是向学生传授创作美术作品的相关规律、原则、方法步骤、经验，并利用这些知识去创作作品。“艺术创作的最终成果是艺术作品。艺术家的艺术体验和艺术构思，必须通过各种艺术媒介和艺术语言才能形成艺术作品。”[3]学生对这门课程很期待。笔者认为，正确处理美术作品比赛活动与美术创作课的关系，牢牢抓住美术作品比赛活动的导向性，是上好这门课的关键。

二、发挥美术作品比赛活动在美术创作课中的导向作用

（一）结合美术作品比赛活动设计课堂教学

夸美纽斯曾指出，“凡是需要知道的事物，都要通过事物本身进行教学，那就是说，应该尽可能地把事物本身或代替它的图像放在面前，让学生去看看、摸摸、听听、闻闻等等。”[4]美术作品比赛活动与美术创作课的关系非常密切，比较权威的美术作品比赛活动对美术界具有导向作用。同样对美术创作教学影响非同一般。每一次高水平的美术作品比赛活动往往吸引美术界各阶层的人，不管是名家大师，抑或是青年实力派画家还是初涉此道的美术爱好者。尤其是思想活跃喜欢新生事物的青年大学生，更是欣喜若狂。他们年轻，吸收新观念较快，对形式丰富多元的新事物比较敏感；对展览活动中琳琅满目的内涵丰富的优秀作品比较感兴趣。教师在设计创作课教学内容时，应该围绕他们关注的敏感问题、热点问题来展开。学生往往对自己关注的问题兴趣较浓，总想刨根问底搞明白，尤其对一些作画的新技法和形式的新样式。这种情绪会激发年轻人的学习热情，而且这种状况下学生思考问题也会更加敏捷和深刻，会迸发出一些思想的火花，使得创作的作品更有个性。例如，2013年举办的首届广西艺术作品大展活动上展出了国油版雕、工艺设计、水彩水粉等不同种类的作品，且艺术水平比较高。为了利用好这个教学资源，笔者组织学生参观学习，并在现场讲解，引导学生对作品的形式内容、创作手段、新材料新观念的应用等方面进行思考，发现问题。然后让每位同学说说自己的体会感受，以及自己最感兴趣最关注的问题。参观学习后，笔者将学生的所有问题和此次展览的作品的基本特点进行梳理，作为开课时的第一手资料，在设计教学时把它设计为若干个主题。学生很感兴趣，学习劲头很足，这种通过学习消化再创新的方法很见效，立竿见影，学生创作的作品质量很高，学生满意，教师也满意。

在课堂教学中，教师运用演示教学法示范引领，随堂进行作品创作活动。“演示过程中教师要向学生提出问题或作适当讲解，指点引导他们边看、边听、边思考、边议论，以获取最佳效果。”[5]在教学中，对在美术作品比赛活动中发现的问题与现象，教师通过示范的直观教学，解析或解决相关问题，对学生的帮助是不言而喻。教师随堂进行作品创作，一边讲解自己运用的理论、技法，或者面对教学中的一些问题，进行论证实践，学生会觉得很直观，学到的东西会很全面，而且接受得很快。直接与学生共同创作作品，这是延伸作品展览活动的导向作用，这种现身说法的教学方法很管用。老师的示范可以是整件作品的示范，也可以就一些小难题、个别问

题进行局部的示范，目的是让学生释疑，教学相长。

（二）将参展作品的诸多元素融入课程教学内容之中

作为作品比赛展览活动的主办方，对组织的每一个展览活动都有一些独特的考虑，比如作品展览活动的主题、作品风格、画种、参与作者的层次、活动的规模、影响力以及活动倡导的文化等，这些都是一个地方一定时期的文化缩影。这些因素都能引领这个地方的文化风尚，是难得的优质的美术教学资源。作为参展的作者，他们会很珍惜这个平台，把自己的最新研究成果通过作品展示给公众，尤其是一些前沿的研究，或者自己的绘画个性，包括传统的技法、新技法以及新材料结合应用等，力争把自己最优秀的一面展示给公众，争取得到社会大众的认可。“在艺术生产活动中，艺术家通过艺术创作来表现和传达自己的审美意识和审美思想。读者、观众、听众则通过艺术欣赏来获得美感，并满足自己的审美需要。艺术这种特殊的社会意识形态，就是通过艺术创作—艺术作品—艺术欣赏这样一个艺术生产的全过程来影响人的精神面貌和思维感情。最终对社会生活产生多方面的作用和影响。”[6]

因此，一个成功的比赛作品展览活动给观众提供大量的内容信息，而观众会去研究消化作品蕴含的意义。要将其作为教学资源并进一步开发利用，首先要对作品进行研究，挖掘提炼其价值，然后是归类整理分析利用，最后是检查评估。把那些有利于教学有利于学生成长的因素利用好，系统分析参展作品的信息，开发教学资源，将其先进的创作理念、手法以及新材料的应用等前沿研究成果融入课程教学的内容中。同时，还要擦亮眼睛，摒弃那些低级的、不健康的因素，以免腐蚀学生。

（三）通过美术作品比赛活动激发学生的创作热情

学习美术的学生都有一种特质，那就是喜欢参加各种专业作品比赛活动。尤其是挑战一些高水平高规格的比赛。因为通过参加比赛活动，可以验证自己的所学和提升自己的专业水平；可以加强与同行的沟通交流，联系朋友；可以提高自己在行内的知名度。这些未来的艺术家，对参赛的兴趣很浓很热衷。因此，设计创作课程教学要利用好这一点，以赛促学，以赛促研。

当然，在鼓励学生参加各种专业比赛时，也要量力而行。“学生的发展水平是教育的出发点”，[7]，不同学生的专业水平和作品质量以及参赛经验等不同，尽量鼓励学生从参加一些相对低规格低范围低要求的比赛活动开始，保证入选参展的命中率，这样能让学生在展览活动中品尝到学有所成的甜头，能够收获因为自己付出所带来的喜悦。这将很大程度地刺激学生的学习热情。如能在比赛中获奖，这种作用更大，甚至对学生一辈子的学习都有影响，意义重大。相反，如果一开始便参加较高水平的作品展，可能会落选，若多次不入选，这对学生来说打击很大，甚至会严重影响学生学习美术的兴趣，长期下去，会让学生产生自卑心理，这种后果是很可怕的。

不管参展的作品是否入选或获奖，教师都要引导学生正确地看待参展的结果。总而言之，要把握好利用好作品展览活动的导向作用。

（四）通过美术作品比赛活动挖掘学生的创作个性

美术创作是强调个性的。这种个性首先体现在地方性、民族性方面或者历史方面。一个地方的文化积淀、文化传承、文化特质是综合性的，有地域因素也有民族传统和历史沉积的因素，而且这种文化的性格会通过当地的人文风俗、艺术、教育、宗教以及老百姓日常的言行体现出来。这种文化现象影响着人们的思维创造行动，所以人们常说一方山水养一方人，一个地方有一个地方的特点。生活在不同地域的人有不同的特点，这便是地方文化赋予当地人的一种特性。比如东北汉子个性直爽豪放，而江南一带的男子则温文尔雅，这便是地方文化的体现，这种文化性格促使他们接受具有相同风格的艺术形式。这种个性还体现在每个学生身上。每个学生情况不同，来自不同的地方、家庭、阶层，成长的经历不一样，知识结构、道德品行也不一样。教师要让学生在吸收外来的文化时坚持本来的特点，不能全盘照搬，不能因为展览的作品优秀就生搬硬套，那样学生会不适应的。因材施教便是这个道理。学生原有的文化特质要保持和张扬，展览上优秀的文化元素也要吸收，美术创作课堂要整合好这种因素，凝聚出适合学生艺术个性发展的风格。作品展览活动中文化元素是多样化的，有些符合甲学生不符合乙学生，有些符合乙学生不符合甲学生，教师要有选择地指导利用。比如在广西首届艺术作品展览活动中，一些具有少数民族风情的作品，其表现手法较传统，笔墨功夫非常老到，笔墨不多却形象生动，生活气息浓郁，画境意味深长。大三大四的学生生活阅历浅，且笔墨技法积淀不深厚，想表现此类题材作品是有难度的。而让他们涉猎青年学生生活方面题材的作品，他们较熟悉，兴趣也比较浓，而且容易上手。随着他们对社会了解的加深及创作水平的不断提高，对一些更深层次题材作品便会表现得更加到位。

三、结　语

总之，美术作品创作课程是实践课程，重在技能的训练与应用；同时也是综合课程，旨在引导学生将自己的所学运用到创作实践中，涉及的问题较复杂丰富。“要重视教学实践，如练习、作业、实验、参观和实习等，这是在教学过程中，引导学生应用知识的主要方面，对学生掌握与运用知识形成技能与技巧，以及培养学生对学科的情趣起着关键的作用。”[8]作为教师，认真理清两者的关系并在课堂上发挥好美术作品展览活动的导向作用，抓住学生的兴奋点，抓住当下美术界的热点来展开教学，将会使课堂气氛更加活跃，学生学习兴趣浓厚而教学效果优良。

参考文献

[1][2] 曹廷华，许自强. 美学与美育[M]. 北京：高等教育出版社，2000.

[3][6] 彭吉象. 艺术学概论[M]. 北京：北京大学出版社，2006.

[4][7] 张焕庭. 西方资产阶级教育论著选[M]. 北京：人民教育出版社，1964.

[5] 王道俊，郭文安. 教育学[M]. 北京：人民教育出版社，2009.

[8] 王道俊，郭文安. 教育学[M]. 北京：人民教育出版社，2009.

再谈倪云林山水画的“逸笔”

杨一笔

【摘　要】本文从绘画材料的媒介因素在成就“逸笔”中的作用；从枯、松、简、淡四个方面阐述“逸笔”的特征；从现实中文人画的实践对倪云林“逸笔”的借鉴等几方面阐述倪云林山水画的笔法。

【关键词】文房四宝　逸笔法　影响

笔者以往对倪云林的“逸笔”已做过相关论述。本文从绘画材料的媒介因素在成就其“逸笔”中的作用；从枯、松、简、淡四个方面来阐述其“逸笔”的特征；从现实中文人画的实践对倪云林“逸笔”的借鉴等几方面阐述倪云林的“逸笔”。倪云林崇尚疏简的画法，以天真幽淡为趣，超越古法，别开蹊径，对文人山水画发展做出了巨大的贡献。事实上，倪云林的山水画已经成为中国文人画的典型和最高逸品，在中国画坛上产生了极为深远的影响。

一

绘画技法风格的演进与绘画工具材料之变迁密切相关。宋以前作画多用绢，故常用“水晕墨章”的湿笔画法；元代以后生纸逐渐普及，便常用“积墨”“破墨”的枯笔画法。也正是纸与绢本质的不同使得笔墨起了情调上的变化并帮助了画风的演进。于是，枯笔淡墨画风的出现、形成和发展就成为特别是以倪瓒山水画为代表的元代山水画的主要特征。

同时，文房四宝对一个画家画风的形成相当重要。尤其是纸张、笔墨，性能不同，对于画家发挥他的绘画技巧来准确表达绘画的对象和感情是有很大影响的。因此，画家对于画材的选择使用相当讲究。在这个问题上，画家既要考虑自己的喜好习惯又要考虑自己的绘画语言表现手法所需。笔者在分析倪云林笔法时，同样要从他所使用的绘画材料说起。

纸：元代绘画的一个重要标志就是文人画的盛行与发展，这也促使元代绘画用材发生了一定变化。两宋以前以绢作画为主，这个时期便开始以纸代替绢作为绘画的主要媒介。“文人作画，本为余事，而日常书写自唐宋以来已以纸为主，因此他们在作画时，必然首先选择性能已极为熟悉和来源方便的纸张。同时，文人画注重以书入画，书画之间用笔用墨同法的原理，使他们更加重视纸的运用，可使绘画的笔法便于具有书法用笔的趣味，并便于挥毫运墨，……”[1]

元代绘画用纸主要是以皮纸为主，有褚皮、桑皮等。皮纸一直是唐宋以后的书写用纸，造纸技术非常成熟，元代皮纸制造业继承了唐宋时期的技术并进一步发展。“元四家”黄公望、吴镇、倪瓒、王蒙，以及钱选、赵孟頫、柯九思、王冕等人作画就是普遍使用皮纸。现存这些画家的作品中，大多数为纸本。据对上海博物馆藏元代 62 件绘画作品统计，其中纸本 42 件。而“元四家”作品 23 件中，有纸本 22 件。这些纸质均洁白平滑，纤维匀细，为条纹细帘抄造，堪称上等皮纸。

上好的皮纸，纸质一般轻软洁白，纤维匀称，纹理粗细适中，韧性强，吸水性佳，毛笔在纸面上挥运，能收放自如，而且留得住笔墨，墨迹清晰明显，即便是较淡墨也能够清晰可见。晕染时水分渗化不快不大而且墨色变化无穷。因其韧性强，经得起毛笔的反复挥运摩擦，这种性能的皮纸非常适合倪云林喜用枯笔干擦的用笔习惯，在倪云林的绘画中不难找出这种例证。

文人画的两大特点，以书入画和以墨代色，上好的皮纸都能够让其表现得淋漓尽致。倪云林在绘画方面取得的辉煌成就不能说不得益于此。

墨：倪瓒绘画使用的墨，是当时质量最上乘的墨。

据元孔齐《至正直记》记载：江南之墨，称于时者三；龙游、齐峰、荆溪也。予尝试之。二者或煤粗损砚，唯荆溪于仲所造则无此病，但伤于胶重耳。至顺后，或用鱼胶者，甚好。于氏已绝嗣，外甥李文远得其传。不若老亲造之为佳。[2]

文中的墨工李文远，与元时期的所有墨工一样，都喜欢结交文人士大夫，通过文人士大夫的赠诗以及对自己制墨工艺的高度认可来扩大自己的声誉和提高自己的社会地位。当然，优秀的墨工才能得到优秀的文人的青睐。李文远便是当时最优秀的墨工，他与倪云林交情颇深。

倪云林有《题赠李文远》诗一首云：“义兴李文远，墨法似潘衡。麋角胶偏胜，桐花烟更清。紫云腴泛泛，玄璧理庚庚。安得龙香剂，霸枝写月明”。[3]

李文远为潘衡传人，继承了“南海松烟”的制墨工艺，其制墨水平相当高。时人对李墨亦是推崇备至，倪云林诗中对李文远制作的墨予以高度的肯定和褒扬，可见其对此墨较为满意。松烟墨特点是墨浓无光，质细易磨，墨色变化丰富。通过倪云林的作品不难发现，他对用墨相当讲究。确实，其作品中的墨色变化异常微妙、滋润、饱和，浑然天成。

上等的墨对其得心应手地挥运起到了举足轻重的作用。

笔：倪云林的山水画笔法精妙，变化多端，毛笔在纸面上一招一式地挥运，跳跃腾挪，正侧顺逆手法娴熟。这说明倪云林不但绘画技法高超而且其使用的毛笔性能优良。当然，毛笔的性能不好，手段再高明也会影响到其水平的发挥。

元代的制笔业相当发达，尤其是当时全国制笔业的中心湖州，其生产的长锋羊毫笔的制作水平较高。它对文人画的发展功不可没。

“而元代文人画的发展，追求以书入画，注重绘画笔法的‘写’意。这种绘画必然要求所用笔锋要软硬适中，弹性适宜，且储水量大。而这些特性恰为长锋羊毫笔所具备。因此湖州所产长锋羊毫笔，适应了当时绘画发展的需要，尤其文人画家的需要而盛名日著，成为湖笔最具特色的品种。”[4]

羊毫笔选料纯正，工艺严格，质地优良，尖圆齐健。其性能弹性强，吸水性好，干笔不板，湿笔不滥。通过分析倪云林的作品发现，其作品篇幅较小，用笔特色尤以中侧锋线条和侧笔干擦为主，他从学习黄公望的披麻皴笔法中独创了折带皴，折带皴中侧锋并用，羊毫笔确实较为适合作此类风格作品。如松针等细小硬挺的线条，应是以硬性狼毫勾线笔写就。学习倪云林的山水画，临摹山、石、树木等绘画对象，的确是使用长锋羊毫笔比较适合，画松叶却用狼毫小勾线笔更为适宜。

因此，即便是最优秀的画家也要有好纸好笔好墨好心情才有可能创作出好作品。

二

文人画的审美趣味已经由院体画的对客体“再现”转变为对自我心性的“表现”，以书入画和以墨代色的文人画对绘画语言尤其是笔墨语言的要求是丰富多变，没有富有韵律节奏感变化的线条是很难体现和表达画家的情感要求的。倪云林有“逸笔草草”“不求形似”“聊写胸中逸气”的艺术主张，他的山水画笔墨简淡疏秀，意境冷落空旷。他在用笔方面追求的“逸”便是宣泄其对现实的压抑情绪和追求老庄的自由散淡、清高自傲的思想感情。

研究其“逸笔”的个性特征，笔者认为“逸”的概念比较抽象，本文试从“枯、松、简、淡”这几方面的用笔特点来阐述其“逸笔”的意蕴。

枯：倪云林山水画给笔者的第一个感觉就是其用笔的干枯。

清恽南田说：“有笔有墨谓之画。”笔有干湿之分，干笔亦可称“干皴”“枯笔”“焦笔”“渴笔”。枯笔指笔中蘸上含水分较少的墨在纸上行笔留下较干效果的墨迹，枯笔容易出现“假飞白”。清代秦祖永说：“作画最忌湿笔，锋芒全为墨华淹渍，便不能著力矣！去湿之法，莫如用干，取其易于著力，可以运用从心。”[5]

倪云林的山水画作品中枯笔的运用比比皆是。

《幽涧寒松图》中的山、石等形象均以极干淡的笔勾线而成，正转侧锋，勾出大体结构后，再以干笔侧锋皴抹，似画非画，若有若无。松树以两干笔界勾，树干内不皴不染，仅圈勾几个疤痕，松针少则二三笔，多则五六笔，稀稀疏疏，苍健劲拙。

倪云林的枯笔写的都较慢，也有稍微快一点的，所以有些线条较润厚有的又较飘逸。枯笔忌讳画燥画板。《渔庄秋霁图》是倪云林的代表作。全画分近、中、远三景。中景一片湖光，其实是留白，远景和近景墨色基本一致，但用笔速度不同，因此远近的透视效果非常明显。画山石先是用枯笔拉出劲健的长线条勾勒，然后同样以枯笔在右下部和暗处干擦几下，最后以淡墨略加点染。树干用干笔淡墨轻松地写出大形，然后再略加皴擦，变化自然而丰富。勾勒小树枝用笔的速度略慢，所以显得墨色稍重，水分也略多一些。干笔淡墨，不着一色，干净明快，疏朗清澈，仿佛万顷湖水在秋月寒夜下，澄澈清朗，令人俗虑尽空，心旷神怡。

松：有轻松、松泛、松缓之意。这里是指用笔的轻松、自然、随意，与用笔的绷紧、生硬、压抑互为对应。《竹石图》以及《古木幽篁图》中的石头均用侧锋干线勾画，有长有短，有浓有淡，有曲有直，结构准确但线条飘逸自然，轻松舒适，有意无意，若淡若疏。在石头上的也是非常轻快皴擦，自然而随意，没有半点刻意与做作。但其落笔处却是恰到好处，着墨不多，山石结构清晰明了，清新秀丽。笔墨老到，手法娴熟，笔笔分明。

倪云林用笔的“松”，是“艺高人胆大”的“艺高”之后的“放松”，正所谓“逸笔草草”是也。

画有壮美和秀美之分。倪云林用笔的“松”追求的就是秀美，即“松秀”。“松秀”乃元时期文人画基本特征，也是逸格山水画的最重要的审美特征。“凡秀皆清、皆明、皆朗、皆韵，不含糊、不暖昧……故秀不可粗、不可浊”，[6]“作画要见笔，写字要见笔，即明也、朗也、秀也”。[7]倪云林的松笔干线清秀，明朗有韵味。

简：倪云林山水画的“简”有两层意思，一是指构图方面的“简”，他的画常以“一河两岸”的三段式构图，采用平远法组织不多的景物，画面大多留空，或水或天空，构成极为荒寒疏凉的意境。二是指用笔方面的“简”，落笔用墨不多，并非笔法变化简单。倪云林的画以画法疏简、格调天真幽淡取胜。他画太湖一带山水、枯木、竹石茅舍，不但景物极简，而且在造型上也是寥寥数笔，笔墨也简。清人王概云：“云林之画，水尽潭空，简而益简。”[8]

明代恽向在其《玉几山房画外录》中云：“画家以简洁为上，简者简于象而非简于意，简之至者缛之至也。洁则抹尽云雾，独存孤贵，翠黛烟鬟，敛容而退矣，而或者以笔之寡少为简非也。”

倪云林山水画笔墨疏简，惜墨如金。大多以干笔淡墨勾画与皴擦，线条不多，皴擦也不多，似是有意无意为之，若淡若疏，但内涵极为丰富，意境深远。其画的意境大多表现为空明、澄澈、冷寂、荒凉、净洁、高逸、寥廓、幽远，给人以荒疏萧条之感。这种简约的绘画表现手法，这种以表现主体内心感受为审美目标的山水画，正是元山水画区别于两宋“院体”山水画的一个明显特征，也是倪云林绘画风格的一个显著特征。

淡：也有两层含义，首先是作者价值观的淡泊，主体心性的淡泊，这是内因，确定了作者的审美追求以及审美取向的“淡”。所以，他画面笔墨的“淡”就很自然了，这是另一层含义的“淡”。

倪云林山水画用笔轻柔、散淡，中侧锋间用，以侧锋取妍，侧锋为主，他独创和善长的折带皴，便是由中锋转侧锋。在着力与不着力之间，行笔似稚嫩而实际是遒劲有力，笔触淡但却能显出浑厚的面貌。他的淡干笔皴擦，非常随意，非常自然，充分表现出坡石的秀峭，树干的圆浑。他极少用浓墨，只有点苔时才用，但却不给人单薄纤弱的感觉，而予人以爽快、闲逸的印象。

《古木幽篁图》，干笔淡墨运用精妙，真正达到了有意无意、若淡若无的境界，给人以清幽静谧的感受。

三

倪云林的山水画创作实践与理论成就对当下的山水画发展有以下几点借鉴意义。

第一，倪云林诗文、书法、绘画三绝，文化涵养相当高深。其在绘画上取得的巨大成就与其具有高深的文化涵养不无关系。陆抑非也曾有过四分读书三分练字三分画画的论述，足见文化之重要。当下的中国画坛，重视文化修养和进行文化积淀的画家恐怕不多见了，这方面的确需要向倪云林学习。

第二，一些画家不重视书法，特别是文人画家。“以书入画”和“以墨代色”本就是文人画的标志性特征，试想，不懂书法用笔的画家能画文人画吗？当然，没有文化涵养的也不能画文人画。倪云林以后，学习倪云林法而取得成功的画家如董其昌、沈周、文征明、“四王”、八大山人、弘仁、石涛、虚谷、任伯年、陈师曾、黄宾虹等，无一不是诗书画并重才能有所成就。

第三，倪云林“逸笔草草”的绘画手法，“不求形似”的绘画态度，“聊写胸中逸气”的艺术主张可供大家学习、借鉴，有利于推动文人画的发展。

第四，技法实践方面。本文总结了枯、松、简、淡四个方面笔法特征（也可以说是“逸笔”的几方面内容）以及清静淡雅的“逸格”画风，经过长期以来思辨与扬弃，再度进入中国画家的视野，被越来越多的画家关注和借鉴，尤其在人心浮躁而思静、世事烦俗而念雅的当下，以虚静冲和、疏散淡雅为主要精神旨归的倪云林画风恰在某种程度上适应、满足了这种需要。

最后，用龚贤的一首诗来作为本文的结束语：“不见倪迂二百年，相思每在研池边。疏林写就饶寒色，要与先生一并传”。

参考文献

[1] 赵权利．纸史述略[M]．美术研究，2005（2）.

[2] [明]孔齐．至正直记[O]．上海：古籍出版社，1987.

[3] [元]倪瓒．清閟阁全集[O].

[4] 赵权利．笔史述略[J]．中国书画，2005（2）.

[5] 林渊．历代文房四宝谱选译[M]．北京：中国青年出版社，1998.
[6] 陈传席．论骨秀[J]．美术研究，2006（9）.
[7] 童中焘、卓鹤君．山水画技法析览[M]．天津：天津人民美术出版社，1998.
[8] 俞建华．中国古代画论类编[M]．北京：人民美术出版社，2000.

庆阳香包的纹样造型与艺术特色研究

李　薇

【摘　要】庆阳香包是我国西北地区陇绣工艺杰出的代表作品，同苏绣、湘绣等南方刺绣工艺一样，是我国民间刺绣艺术的一朵奇葩。庆阳香包纹样造型多种多样，主要包括动物纹样、植物纹样、人物纹样以及符图纹样四种造型类型。庆阳香包造型古朴，色彩绚丽，充满寓意，具有以形造型、以意造型、以音造型的艺术特色。本文从庆阳香包的纹样造型着手，结合具体的香包纹样图案，对庆阳香包的纹样造型类型进行细致阐述，在此基础上，再对其造型艺术特色进行深入分析，以期加深对庆阳香包纹样造型的美学价值和艺术价值的认识。

【关键词】庆阳香包　纹样造型　艺术特色

庆阳香包是流行于我国陇东和陕北地区的带有刺绣纹样的民俗装饰挂件，内置香草，散发出浓郁的香气，因其发端于甘肃庆阳，因而命名为“庆阳香包”。庆阳香包是陇绣工艺品的杰出代表，由于庆阳地处我国西北内陆偏僻地带，交通不便与信息闭塞使陇绣艺术保留得较为完整，因此，庆阳香包仍然保持着造型古朴、色彩绚烂的陇绣艺术特点。庆阳香包的纹样图案造型取材十分丰富，既有大自然的植物、动物，又可能是现实题材的人物生活场景，或是充满想象力的抽象符号纹样。庆阳香包纹样具有鲜明的造型艺术特色，在我国民间美术史上独树一帜，具有十分重要的艺术价值。

一、庆阳香包的纹样造型

庆阳香包纹样题材来源十分广泛，大多取材于自然界的动物、植物以及现实生活中的人物生活场景，也包括一部分符号图形纹样的题材，因此，庆阳香包纹样造型丰富多样，但是大致都可以被归纳到以下四种造型类型：植物纹样、动物纹样、人物纹样以及符图纹样。

（一）植物纹样

植物纹样是庆阳香包中最为常见的纹样造型之一。庆阳香包图案在构图之时以自然界中的某种或某些植物为元素，在抓住植物主要特征的基础之上运用抽象化、概括化的艺术手法，使植物图案更加具有装饰性。植物纹样包含以下两种主要的造型形式：

第一，花叶纹样。花叶纹样造型种类十分丰富，一般为多瓣或大叶植物的造型。庆阳香包花叶纹样常见的有莲花纹样、牡丹纹样、梅花纹样等。以莲花纹样为例，如图 1 所示的“庆阳香包莲花纹样”形态各异，有的纹样只有花或叶，有的则是花叶一体，可见单个植物构成的纹样类型也是多种多样的。

图 1　庆阳香包莲花纹样

第二，果实纹样。果实纹样也是植物纹样中十分常见的一种，一般以多籽类植物为题材，庆阳香包果实纹样运用较多的有葫芦纹样、南瓜纹样、葡萄纹样、石榴纹样以及桃子纹样等。

（二）动物纹样

动物纹样也是庆阳香包纹样造型中较为常见的一种。动物纹样在构图之时以自然界中的某种或某些动物为元素，在抓住动物主要特征的基础之上运用抽象化、概括化的艺术手法，使动物图案更加生动传神，更具装饰性。动物纹样包含以下两种主要的造型形式：

第一，飞行类动物纹样。飞行类动物纹样造型十分丰富且样式多变，这种类型的纹样不仅以生活中常见的飞禽和昆虫为题材，而且往往包含龙凤等传说中的有飞行能力的动物纹样。庆阳香包飞行类动物纹样中，比较多见的有龙凤纹样、鸳鸯纹样、鸡鸭纹样、蝙蝠纹样以及蝴蝶纹样等等。

第二，非飞行类动物纹样。非飞行类的动物纹样种类同样十分繁多，这种纹样造型的题材一般为各类哺乳动物、卵生动物以及传说中的走兽纹样。庆阳香包非飞行类动物纹样中，比较常见的有老虎纹样、麋鹿纹样、兔子纹样、鱼纹样、龟纹样以及麒麟纹样等。

（三）人物纹样

人物纹样是庆阳香包纹样造型中另一种最为常见的纹样。人物纹样在构图之时以现实生活中的人物或神话、传说中的人物为题材，在抓住人物的个性特征的基础之上运用抽象化、概括化的艺术手法进行改造，使人物造型更加生动活泼。人物纹样包含以下两种主要的造型形式：

第一，孩童纹样。庆阳香包中的孩童纹样既包含现实中男孩、女孩的纹样，也包含了神话、传说中的孩童纹样。在图 2 所示的四组照片之中，第一幅和第二幅图片分别为男孩和女孩纹样，而第三组“福娃”纹样和第四幅“刘海”纹样则是传说中的人物，这些孩童的纹样造型呈现出天真可爱、生动活泼的视觉效果。

图 2　庆阳香包中的孩童纹样

第二，成人纹样。相较于孩童纹样而言，成人纹样的种类显得更加丰富，而且成人纹样所表现的主题大多出自民间典故、神话、传说，在庆阳香包的成人纹样造型中最为常见的有八仙过海纹样、嫦娥奔月纹样、梁山伯与祝英台纹样以及牛郎织女纹样等等。

（四）符图纹样

符图纹样是庆阳香包纹样造型中最为抽象的纹样造型。符图纹样主要以几何图形或者文字符号作为创作题材，抓住几何图形或者文字符号的主要特征，进行富有规律的排列组合，营造出极具装饰性的视觉震撼效果。符图纹样包含以下两种主要的造型形式：

第一，几何纹样。几何纹样最大的特点就是造型整齐而有规律，通过规则雅致的排列组合营造视觉美感。庆阳香包纹样中，最为常见的几何纹样是太极纹样，太极纹样的一般特征是：以八边形平板为底，中间绘制黑白阴阳相交图案，周边则以八卦纹样环绕，八卦一般是八个三角组合构成，八个三角的顶点相互结合，组成八瓣造型。

第二，文字纹样。文字纹样一般以文字或者其变异字样构成，作为一种民间艺术的庆阳香包，其文字造型多使用“福”字、“寿”字、“喜”字等，其中“寿”字纹样的应用最为广泛，光造型就有圆体、繁体和篆体三种形式，繁体寿字更多保留了文字原有风貌，具有较强的图案装饰效果。

二、庆阳香包的造型艺术特色

庆阳香包纹样造型多种多样，具有十分鲜明的艺术特色，其中动物纹样、植物纹样、人物纹样以及符图纹样等不仅造型古朴生动，而且往往象征着某种传统文化及精神内涵，因而形成了庆阳香包以形造型、以意造型、以音造型的艺术特色。

（一）以形造型

以形造型是庆阳香包纹样重要的造型艺术特色之一，是指香包纹样构图过程中不同形式的图形进行组合造型，而且这种图形的组合往往具有民俗文化内涵。这种造型艺术特色主要表现为共用形、形中形、复合形三种造型规则。

首先，共用形造型。以庆阳香包纹样造型“双鱼共首”纹样（图 3 左）为例。“双鱼共首”纹样是指鱼纹与鱼纹共用口部组合造型，因而属于典型的共用形造型，这一造型意味着“年年有余”。其次，形中形造型。庆阳香包中的“龟蛇盘结”纹样（图 3 中）就是这一造型的代表。“龟蛇盘结”纹样（图 3 右）是将龟的纹样绘制在蛇纹样中间，在民间传统文化中龟、蛇都象征着长寿，将这两个纹样组合运用是为凸显“求寿”的主题。最后，复合形造型。“人鱼娃娃”纹就是这种类型的典型，指假借鱼身表达对鱼多子能力的崇拜。

图 3　庆阳香包中部分造型

（二）以意造型

以意造型是庆阳香包纹样的又一个明显的造型特色。作为一种民间传统工艺的庆阳香包，必然跟民间文化习俗紧密相连，因而，其纹样造型往往被人们赋予一些美好的象征意义，也就是具有以意造型的艺术特色。这种特色集中表现在求子、求寿、爱情三种主题的庆阳香包之中。

具体而言，首先，以求子为表意，“鼠盗葡萄”“莲生贵子”就是庆阳香包以意造型中以求子为表意的典范，对鼠的生殖能力的崇拜以及莲子多“籽”的特点，都表明了求子的寓意；其次，以求寿为表意，“八仙纹样”“桃子纹样”以及“寿字纹样”是最典型的以求寿为表意的图案；最后，以爱情为表意，最典型的是“牛郎织女”纹样和“梁山伯与祝英台”纹样，这些以意造型的纹样表达出人们对美好爱情的向往。

（三）以音造型

除以形造型、以意造型之外，以音造型也是庆阳香包独特的纹样造型艺术特色，它根据所描画的内容物的谐音进行造型，其中最为典型的以音造型特色呈现为蝙蝠“富”、鱼“余”的谐音。

例如，在图 3 所示的“双鱼共首”纹样之中，两条鱼被放置在竹篮之中，这样的纹样造型的寓意是“年年有余”，取的正是“鱼”的谐音“余”，这种以音造型的造型手法表现的是人们对过上吉祥、富足生活的美好愿望，通过这样一种造型方式来祈求粮食丰收并有所剩余，十分鲜明地体现了人们“趋吉”“求财”的美好愿望。

三、结　语

庆阳素有“香包刺绣之乡”的美誉，庆阳香包更是我国西北地区陇绣艺术的代表之作。庆阳香包的纹样造型取材十分广泛，造型类型多种多样，大致包含了动物纹样、植物纹样、人物纹样以及符图纹样四种造型类型，且庆阳香包造型古朴、色彩绚丽、充满寓意，具有以形造型、以意造型、以音造型的造型特色和极高的艺术价值。2006 年，庆阳香包被列入国家级非物质文化遗产保护名录，如今已成为庆阳市对外交流的文化名片。

参考文献

[1] 戴春森. 庆阳香包的艺术特色[J]. 美术大观，2006（8）.
[2] 戴春森. 庆阳香包文化色彩的审美特征[J]. 民族艺术，2008（1）.
[3] 肖发展. 论庆阳香包艺术[J]. 装饰，2006（8）.

瑶族民俗文化与设计分析

李　薇

【摘　要】本文重点分析和研究了瑶族民俗文化与设计。基于设计的视域对瑶族民间宗教信仰、瑶族社会风情、瑶族传统手工艺进行了深入探究，并且列举了铜鼓、瑶族长鼓等一批与瑶族传统文化有关联的设计作品，为现代艺术设计提供了依据。

【关键词】瑶族文化　信仰　设计

瑶族是中国少数民族之一。瑶族历史悠久，大分散小聚居，主要分布在广西、湖南、云南、广东、贵州、江西等地山区，以广西为多。

瑶族分支众多，语言差异大，各分支生活习惯不尽相同，有“茶山瑶”“花蓝瑶”“白裤瑶”等不同自称和他称。

一、瑶族民间宗教信仰与设计

瑶族并不单一地信奉某一个固定的神灵。有些信奉自然的神灵，相信自然的神化力量；有的信奉图腾，希望得到图腾的庇佑；有的信奉英雄神的神秘力量，希望能受到庇护，其信奉呈现多样化的趋势。在瑶族聚居区能找到许多艺术水平高超、想象力丰富的，能从侧面展现瑶族人民才能和智慧的，以宗教为题材的设计作品。

（一）自然崇拜与设计

瑶族的祖先对于许多的自然界现象无法像现代人一样用科学知识来解释，他们认为自然发生的干旱、洪水、地震等事情都是鬼神在操纵，鬼神主宰着天地万物。祈雷神、祈山神、祈地神等自然崇拜由此而来，他们还为此设计了各式各样的方式方法和道具。

（二）图腾崇拜与设计

图腾崇拜是原始社会的一种宗教信仰。苗族的盘瓠崇拜是一大特点。盘瓠是神话传说中龙犬的名字，也称“盘王”“盘护”。盘瓠最初只是以被抽象和拟人化的犬的形态装饰在门上，随着时间流逝，越来越多的瑶族人信奉盘瓠，认为它是瑶族的祖先而加以供奉和祭祀，逐渐形成了一个特定的祭祀性节日。

（三）英雄神崇拜与设计

根据瑶族内部的支系与不同的地域文化，瑶族创建了三尊神灵，分别是盘古王、密洛陀和盘瓠。盘古“开天辟地”，无人不知；密洛陀创造世界万物，深得民心；盘瓠机智、勇敢，其故事广为流传。这三尊神灵以不同的形式融入瑶族的文化生活，一直守护着瑶族人民。

（四）祖先崇拜与设计

瑶族认为人都是有灵魂的，就算死了灵魂也不会散去。盘王被认作是“盘瑶”和“山子瑶”的祖先而受到他们的崇拜；而“花蓝瑶”“茶山瑶”则视伏羲兄妹为庇护他们的神灵，只要每次举办大型的活动都会举行祭祀伏羲兄妹的仪式。他们以此表达后人对于先祖的崇拜和缅怀的情感。

（五）其他仪式与设计

度戒仪式。举行度戒仪式一般都是有一定的年龄限制的，只要到了规定的年龄瑶族男子必须举行度戒仪式。举行过仪式的男孩表示已经成人了，具有成家立业的资格，否则不可以成家立业或者参加成人化的一些社会活动。度戒也可以称之为成丁仪式。成丁仪式通常八至十年举行一次，并邀请八至十位道公来主持，仪式的参加人数并不受限制，但有很多规矩需要遵守，如凡是参加受戒仪式的人不得沾荤腥，仪式开始前一个月必须每天沐浴净身，并认为只有如此法师的法术才会灵验。

除此之外，挂灯仪式也是瑶族特有的一种仪式，涉及一种宗教习俗，瑶族人民用挂灯的仪式来祈求神灵的庇佑。

二、瑶族社会风情与设计

（一）瑶族长鼓舞与设计

长鼓舞是瑶族传统文化的关键部分。瑶族人民的传统习俗是打长鼓、祭祖先、庆丰收和人人争当鼓手。瑶族长鼓（亦称“花鼓”）是根据长鼓舞设计制作而成的，和古代细腰鼓类乐器有相似之处，最早流传于宋朝。制作长鼓用的是硬质木材，鼓长 0.8 ~ 1.1 米，通常为大红色，装饰有花草鸟兽和日月龙凤等，具有鲜明的民族特色。瑶族长鼓舞独具特色，有“民族艺术之花”之称并深受瑶族人民喜爱。

瑶族长鼓舞的起源有多个版本的传说，但大多表达的是瑶族人民对于图腾的崇拜和祖先的信仰，以此增强瑶族人民的劳动热情和与恶劣环境以及邪恶势力做斗争的勇气。盘王节是瑶族最重要的传统节日，每年盘王节瑶族人民都会聚集起来庆祝并通过跳长鼓舞来纪念先祖和预祝来年丰收。

深刻发掘瑶族人民的传统文化对于从事文化事业的研究者来说是一项义务，关系到传统文化的传承问题。研究长鼓舞就是对瑶族文化的传承，意义重大。

（二）瑶族民间故事与设计

瑶族存在这样的一个支系，在这个支系里面所有的男子一律穿着白颜色的裤子，因此人们都称之为"白裤瑶"。"白裤瑶"居住的地方比较偏远，山高水远，交通极其不便，但却是文化设计者进行民俗考察的重点考察对象。"白裤瑶"的服饰来源与一个故事息息相关：传说很久以前，有个瑶王生了个漂亮的女儿，后来嫁给莫家土司的儿子，而莫家土司却利用与瑶王的姻亲关系盗取了瑶王印章并派兵攻打瑶寨，瑶王经过几个昼夜的对抗最终被围困在一个山头。在族人生死存亡之际，瑶王听从了一个采药老人的计策带领族人逃脱了，而瑶王却因伤势过重牺牲了。为了纪念英勇的瑶王，族人根据瑶王死时的着装设计了现在"白裤瑶"的服饰。

（三）"茶山瑶"的"爬楼恋爱"与设计

提到"茶山瑶"，其寻觅爱情的方式不得不说。"茶山瑶"的小伙子要想寻找到属于自己的爱情必须要通过"爬楼"的方式，具有鲜明的地域特色。同时，"茶山瑶"的人民还为爬楼式爱情做了许多独特的设计。"茶山瑶"的村落的建制很有特点，都是逐水而居或者依山而立。他们居住的房屋设计很讲究，一般都是两层木楼的形式，门面和吊楼是重点设计的对象，特别是吊楼的设计，那是专门为姑娘们而设计的，姑娘们可以在吊楼里面进行一定的社交活动，而小伙子要是表达爱意也会在吊楼外唱情歌以赢得姑娘的芳心。如果来的小伙子恰巧是姑娘的意中人，姑娘便会打开吊楼的门，机敏的小伙子便趁此机会攀上吊楼；如果姑娘不满意就会泼下冷水。吊楼是瑶族建筑中最具艺术性的建筑物，分两部分，前部分延伸在屋檐下，后部分是俗称"恋爱楼"的木板结构的小房间和一条通道，以前待嫁的女子就住在那个小房间里面。"茶山瑶"思想通达，允许年轻男女婚前自由社交，寻找自己喜欢的配偶，但是"茶山瑶"的风俗是不允许男青年通过大门上姑娘吊楼的，故而有这种爬楼式的恋爱观。

三、瑶族传统手工艺与设计

（一）织绣与设计

在后汉时期就有关于瑶族织绣的记载。从几何图形到复杂的彩蝶、二龙抢珠、游鱼、春牛、大鹏等花鸟虫鱼的图案都能被智慧而勤劳的瑶族人民作为织绣的元素，色彩明艳且构图多变。瑶族妇女爱绣花边、花带等，以此作为装饰；瑶族人的衣服、头巾上都绣有具有瑶族特点的花纹，这些花纹大多是瑶族妇女在设计绣花图样时爱用的以自然景物为设计构思的题材，有云霞、山峰、鸟兽、花草等。

妇女的服饰采用土布制作，而且其外衣一般要低于膝盖部位，腰部以上的开襟的两边多绣有各种各样的图案花纹。上衣一般没有纽扣，系腰带，其腰带的两端也都绣有花边图案。妇女通常将头发盘起并缠上精心绣织的长条彩带，腰间系有腰带，胸前挂着银牌、项链类的装饰品。男子穿着对襟扣的衣服，用黑布包裹头部，出席重要的场合还会佩带花带与彩色飘须之类的装饰品。当上山劳动时，他们一般都喜欢扎脚绑。女子喜欢穿织带无纽扣的上衣，右襟压左襟，并系上有图案花边的腰带，围上围裙，围裙多以黑布方形为主；裤子过膝且与脚捆绑在一起，衣服的颜色多以黑、蓝为主要色调。有盛大集会时，她们的装束又是另一个样子。比如，她们会佩戴各种各样的首饰，脚上会穿上龙头鞋之类的。宽大的帽子戴在头上显得其脸部特别小，这样才符合她们心目中美丽的标准。瑶族妇女的头饰是类似于牛角一样的东西，追根溯源，可能与牛图腾信仰有关。他们通常采用一些自然朴实的手法，使设计的东西更加契合自然，而且在具体设计时都很讲究，比如在设计骨架时会采用几何定律来进行排列，以大团花为中心，“八”字形排列的花样都必须遵循一定的顺序。

瑶族妇女擅长织绣，时常将简单的虫鱼鸟兽、花草山水等自然题材进行精心设计，织就一幅幅艺术水平高超、构图精美和谐的绣品。在各式各样的带子上织出繁复的花纹，比如莲花、对称花纹及各种类型的动物纹样。这种织法会花费大量的时间和织线，但是织品美观且耐用。绣花则是类似刺绣，在布上用彩色的丝线斜绣花纹，绣出来的作品既耐用又经济。在创造图案花样时绣法不受经纬线的控制从而任意描绘搭配各种形象。瑶族的手工绣品都是具备极高艺术价值、观赏价值和收藏价值的。

（二）雕刻艺术与设计

瑶族在雕刻方面的作品主要涉及神像、门匾、烟盒和吊楼等。其中最为突出的要数“茶山瑶”雕刻的祖宗牌位和龙凤呈祥床等物，其构图、内容以及色彩堪称完美。

（三）舞蹈、音乐与设计

瑶族的舞蹈并不是为娱乐而创造的，主要用于祭祀及其他的宗教仪式，极具民族特色。瑶族舞蹈动作和内容的设计可以追溯至远古年代；瑶族的音乐也因支系不同而差异很大，曲调、品种、唱法和艺术风格都各不相同，比如“茶山瑶”的花歌、“山子瑶”的乐神歌等，这些都是瑶族人民遗留下来的宝贵财富，值得我们去探寻。

参考文献

[1] 张有隽．瑶族历史与文化[M]．南宁：广西民族出版社，2001．

[2] 詹和平．后现代主义设计[M]．南京：江苏美术出版社，2001．

[3] 吕大吉，何耀华．中国各民族原始宗教资料集成：瑶族卷[C]．北京：中国社会科学出版社，1998．

[4] 莫忍章．金秀大瑶山瑶族史[M]．南宁：广西人民出版社，2002．

第三部分

行业实践篇

国外自助服务研究综述

于　杰

【摘　要】近些年来，服务业中对自助服务技术的使用越来越普遍，自助服务技术的不断发展与完善使得服务传递的方式趋于多元化，这些变化对服务性企业产生了一系列深远影响。基于此，自助服务技术越来越受到学者们和实践运用者的关注。本文主要对近十多年来国外关于自助服务技术研究的文献进行综述，把从 2000 年至 2011 年国外在这一领域的相关文献的研究内容与研究方法做一小结，并提出了笔者的观点和看法。

【关键词】自助服务　自助服务的影响　研究方法

一、研究文献选择与分析框架

近些年来，自助服务技术的不断发展与完善对服务性企业产生了一系列影响。自助服务技术的运用使得服务性企业的成本发生了变化，使服务传递的形式多样化，同时自助服务技术的运用也对顾客的满意感、忠诚感等产生了影响。基于此，自助服务技术越来越受到学者们和实践运用者的关注。在国外，自助服务技术的发展比我国相对完善，同时学者对自助服务技术的相关研究文献也比较全面。本文主要通过对近 10 年来国外关于自助服务技术研究的相关文献的综述，把从 2000 年至 2011 年国外在这一领域的研究文献做一小结，并加以述评。

在文献搜索中，选择了 2000 年至 2011 年国外关于自助服务技术研究文献相对集中的学术期刊，如 *Journal of Service Marketing*、*International Journal of Service Industry Management*、*European Journal of Marketing* 等。在这些期刊中筛选出近 10 年关于自助服务技术的文献共计 37 篇。

二、国外自助服务研究

（一）自助服务研究内容

1. 关于影响自助服务接受程度的因素研究

消费者对自助服务的接受程度受到诸多因素的影响，总结历年的研究成果笔者得出以下的因素：人口特征、顾客所处地域的整体经济发展环境、顾客感知的对自助服务的控制感、自助服务的可操作性、服务的可靠性、服务速度以及服务过程中的愉悦感等。Daniel Nilsson（2007）通过建模与定量分析方法，对瑞典和爱沙尼亚两国不同人口特征的消费者使用银行自助服务的情况进行对比，发现不同人口特征的消费者对自助服务的接受程度不同。研究发现，在爱沙尼亚使用银行自助服务技术的消费者主要集中在年轻化、高收入以及高学历的人群。此外，该研究发现市场的成熟度与经济发展状况会影响消费者对自助服务的接受程度。Jinkook Lee（2002）通过对金融服务业自助服务的研究指出消费者对金融服务业自助服务的接受程度除了受到个体人口特征的影响外，还受到金融产品的服务自身特征的影响。同时Pratibha A. Dabholkar et al（2003）在对超市自助扫描结账的自助服务调研中得到顾客在超市选择自助结账服务的最主要原因是因为其速度快，节约时间。他们在研究中也指出顾客的年龄和自助服务系统的便捷性、可操作性等都是影响顾客是否选择使用自助服务的考虑因素。Shih-Chih Chen 和 Huei-Huang Chen（2009）指出顾客在初次使用自助服务过程中的体验（比如是否满意）会影响顾客是否会持续使用这一自助服务，而顾客感知到的该项自助服务使用的难易程度、感知到的行为控制感以及顾客的主观评价标准又会影响顾客使用自助服务过程中的体验。

2. 关于自助服务技术对消费者行为的影响研究

在这里，对消费者行为的影响主要指自助服务技术的使用是否会影响顾客与企业之间的稳定的"交易"关系，从而对消费者行为产生的影响。自助服务技术的运用是否会对服务性企业的客户关系管理带来挑战呢？Line Ricard et al（2001）在实证研究中指出银行业中自助服务技术的运用不会对顾客与企业的关系带来太大的影响。尽管如此，服务性企业仍然需要在运用自助服务技术传递服务的同时注重保持与顾客的关系，并通过客户关系管理来使这一关系稳固化、可靠化。Raechel Johns 和 Bruce Perrott（2008）指出在 B2B（Business to Business）的环境下，客户对银行的信任感对客户与银行的忠诚关系有很大的影响，同时客户的忠诚关系又会影响客户对银行提供的自助服务的态度。客户与银行的忠诚关系越稳固，客户越有可能接受银行提供的网上自助服务，并对此自助服务平台抱有积极的态度。由此可知，服务性企业在运用自助服务时更应当注重对客户关系的管理，只有这样才能更好地使顾客与企业之间的忠诚关系得以维持。

3. 关于自助服务技术对顾客满意感的影响研究

在服务营销的研究中，顾客满意感是一个很重要的概念，顾客是否满意会对顾客忠诚产生影响，同时顾客忠诚又会对企业盈利带来影响。因此，在企业采用自助服务技术来传递服务时，是否会对顾客的满意感产生影响呢？Mary Jo Bitner et al

（2000）采用关键事件法，对800多个在自助服务中出现的关键事件进行分析，找出了顾客满意和不满意的原因。其中顾客满意的因素包括：自助服务技术可以解决顾客急迫的需求，使用简便，避免与服务人员接触，服务时间、地点灵活，省钱等。不满意的因素包括：技术故障，服务过程中出现差错，技术设计和服务设计不合理，顾客自身使用不当导致服务失败等。Yaron Timmor 和 Talia Rymon（2007）通过建立ICE（Internal、Consistency、External）概念模型指出基于新技术的服务改进会从不同的方面对顾客的满意感产生影响。这些因素包括基于新技术服务的可操作性，新服务的结果，新老服务之间转换的过渡性以及对服务性企业的信任感等。Suzanne C. Makarem et al（2009）指出自助服务的便利性、自助服务的服务过程、面对面服务的过程以及服务的结果都会对顾客满意感产生影响，而顾客的满意感又会对顾客的行为意向产生影响，如较满意的顾客会对企业做出正面的口头宣传。同时指出，即使是对自助服务接受程度较高的顾客，服务性企业也不能忽视对其的面对面服务，只有这样才能使顾客的满意感增强。

4. 关于自助服务的服务抱怨与服务补救的研究

顾客如果对服务不满就会产生抱怨，顾客也可能会将不愉快的服务经历告知朋友或亲人，更有甚者，不满意的服务可能导致顾客不再光临该企业。对于使用自助服务的顾客，由于其与服务人员不会进行面对面的接触，因此当服务出现差错时，顾客又会有什么样的反映，同时服务性企业如何进行自助服务的服务补救都值得我们关注。Kaisa Snellman 和 Tiina Vihtkari（2003）研究了在自助服务中顾客的抱怨行为，自助服务与人工服务的服务失败行为都是常见的，两者之间服务失败率没有太大的区别，两种服务传递方式之间的顾客抱怨率也没有明显的差别。抱怨率最高的自助服务是网上银行服务，其次是面对面服务、自助取款机（ATM）服务和账单付款自助服务。在他们的研究中，也发现了在使用自助服务时顾客不选择投诉的原因，这些原因主要包括：一是顾客认为选择抱怨和投诉可能会不起作用，二是选择抱怨和投诉会浪费他们的时间，而且得不到及时的反馈。同时作者也发现一个有趣的现象，即企业处理顾客对自助服务的抱怨和投诉要远远多于企业处理顾客对人工服务的抱怨和反馈。因此，企业在进行自助服务设计时要同样注重服务投诉等反馈系统的设计，同时为了鼓励顾客在使用自助服务出现差错时能够及时投诉，企业在营销沟通中应当强调顾客反馈的重要性。

Lukas P. Forbes（2006）在关于自助服务的服务失败和服务补救研究中通过关键事件法将在自助服务中顾客遇到的服务失败分为三大类：第一类是对服务传递系统以及服务产品本身的失败，包括不可靠的服务、没有效率的服务、自助服务系统收费错误、错误的信息、产品有瑕疵等。第二类是对顾客需求的反映失败，包括特殊的服务顺序、顾客自身出错等。第三类是一些自发和主动的行为，包括顾客的窘迫感、不确定的反馈机制等。同时作者也将目前企业做出的关于自助服务失败的服务补救行为做了归纳和总结，企业目前的补救行为包括以下几种：打折、改正、管理者干预、道歉、顾客导向的修正、失败的扩大化、无作为以及有意的连续购买。因此企业的管理者应做好自助服务的服务补救，包括设计新的程序以更好地追踪服务失败的全过程，从而对整个服务过程中发生的一切有一个明确的认识，更好地了解失败的根源所在。同时企业要做好对顾客使用自助服务技术的培训，减少因使用不当造成的服务失败。值得一提的是，管理者应当明白顾客忠诚度对于一个企业的重要性，企业应当采取一系列的顾客忠诚计划来培养顾客的忠诚感。

（二）自助服务的研究方法

纵观近 10 年的研究文献，可以发现国外对这一领域的研究主要采用的是定量研究方法，同时兼顾定性研究方法的运用。这说明国际上对于自助服务的定量研究占了主导地位。

在研究文献中，学者们使用的定量研究方法主要是实证研究方法。这类研究一般是先提出假设，接着寻找中介变量和调节变量，然后进行数据收集，最后利用统计分析技术进行验证。多数学者使用的是实证研究方法，通过建立假设和模型，发放调查问卷搜集数据，进行分析等一系列步骤最终得到结论。在实证研究方法中，数据的收集是不可或缺的一步，也是对研究至关重要的一步。纵观国外近 10 年来这一领域的研究文献，笔者归纳出国外学者们主要使用的收集数据的方法有：直接向消费者发放问卷，实验法，企业调查法，深度访谈法，二手资料分析法等。

除了使用定量研究方法，学者们也兼顾定性研究方法的使用。研究文献中学者们使用的定性研究方法主要包括理论阐述与推理，案例分析法等。例如，Harald Salomann（2007）在如何在客户关系管理中平衡高接触的面对面服务方式和自助服务方式的研究中就使用了案例分析方法。通过对两个不同企业 Swiss Re 和 UBS 的案例进行比较分析，得出企业可以同时兼顾使用两种服务传递方式来使顾客的满意感提高，具体对两种服务方式的选择应当从顾客需求的角度考虑。

三、结　论

（一）自助服务技术的主要研究领域

通过对近 10 年来国外关于自助服务技术的研究综述，可以发现研究文献中出现的自助服务的类型主要集中在自助银行服务、自助餐厅服务、自助售货机、图书馆自助服务系统以及网上自助购物等。而这其中又以对金融服务业和图书馆的自助服务研究最多。大多数的研究文献都是从这两个领域中来研究自助服务技术的。

笔者认为，从对全球传统和新型金融服务供应商发展金融自助服务的过程来看，银行经营策略的转变与金融自助服务发展趋势是同步进行的。金融自助服务可以降低银行经营成本，开辟新的收入来源，通过自助服务渠道获取信息，加强客户服务管理。因此，对金融服务业的管理者来说，在开发各类金融自助服务的同时要更多地考虑自助服务带来的利与弊，从而才能更好地从为顾客服务的角度出发，使企业获得长久的发展。

此外，除了上述研究领域之外，图书馆的自助服务技术的运用也是一个研究的着力点。在图书馆中通过运用自助服务技术可以使图书馆的信息资源得到合理的配置与高效的利用，使服务的灵活性和开发性提高，同时也使得顾客的需求得到高效率的满足。要注意的是，在使用自助服务技术的同时，图书馆也要做好对新使用者的培训工作，从而避免读者因不会使用而造成的担心和不满。

（二）自助服务技术研究的局限性以及未来研究的发展

纵观 10 年来国外关于自助服务的研究文献，虽然这一领域的研究已经取得了很多成就，但其局限性也是存在的。如行业单一，主要还是集中在金融服务业和图书馆等服务行业。在未来的研究中需要进一步把研究的领域和主题扩宽，加大对服务业的其他领域，比如旅游服务行业的酒店、旅行社、航空公司以及医疗社保等使用自助服务技术的研究力度。

在研究方法上，国外的研究主要使用的是定量研究方法，重复使用的定量研究方法也会使得研究的思路僵固化、单一化。因此，在未来的研究中应当使定量研究与定性研究结合起来，二者互相补充，使研究更加的饱满。在研究思路上，要注意进行纵向和横向两个维度的比较研究，在前人研究的基础上对问题做更进一步的理解与分析。

（三）本文的局限性及今后改进的方向

本研究主要是把国外近 10 年来关于自助服务的研究进行小结，所涉及的内容与文章数量有限，2000 年以前的文章并没有涉及。同时，本文主要是综述了国外关于这一领域的研究，并没有关注国内的研究情况。因此，在今后的研究中，可以将国内外的研究进行一个对比分析，这既是本文的不足也将是今后研究努力的方向。

参考文献

[1] DANIEL NILSSON. A Cross-cultural Comparison of Self-service Technology Use [J].

European Journal of Marketing, 2007, 41 (3/4): 367-381.

[2] JINKOOK LEE. A Key to Marketing Financial Services: the Right Mix of Products, Services,Channels and Customers [J]. Journal of service marketing, 2002, 16 (3): 238-258.

[3] PRATIBHA A DABHOLKAR, L MICHELLE BOBBITT, EUN-JU LEE. Understanding Consumer Motivation and Behavioral Related to Self-scanning in Retailing[J]. International Journal of Service Industry Management, 2003, 14 (1): 59-95.

[4] SHIH-CHIH CHEN, HUEI-HUANG CHEN. Determinants of Satisfaction and Continuance Intention Towards Self-service Technologies[J]. Industrial Management & Data Systems, 2009, 109 (9): 1248-1263.

[5] LINE RICARD,LISE PREFONTAINE and MARIA SIOUFI. New Technologies and Their Impact on French Consumer Behaviour: an Investigation in the Banking Sector [J]. International Journal of Bank Marketing, 2001, 19 (7): 299-311.

[6] RAECHEL JOHNS and BRUCE PERROTT. The Impact of Internet Banking on Business-customer Relationships (Are You BeingSelf-served?) [J]. International Journal of Bank Marketing, 2008, 26 (7): 465-482.

[7] MARY JO BITNER, MATTHEW L MEUTER ET AL. Self-service Technologies: Understanding Customer Satisfaction with Technology-based Service Encounters [J]. Journal of Marketing, 2000, 64 (3): 50-65.

[8] MARY JO BITNER,STEPHEN W BROWN,MATTHEW L MEUTER. Technology Infusion in Service Encounters [J]. Academy of Marketing Science, 2000, 28 (1): 138-150.

[9] YARON TIMMOR, TALIA RYMON. To Do or Not to Do: the Dilemma of Technology-based Service Improvement [J]. Journal of Services Marketing, 2007, 21 (2): 99-111.

[10] SUZANNE C MAKAREM ET AL. Satisfaction in Technology-enabled Service Encounters [J]. Journal of Services Marketing, 2009, 23 (3): 134-144.

[11] KAISA SNELLMAN,TIINA VIHTKARI. Customer Complaining Behaviour in Technology- based Service Encounters[J]. International Journal of Service Industry Management, 2003, 14 (2): 217-231.

[12] LUKAS P. FORBES. When Something Goes Wrong and No One is Around: Non-internet Self-service Technology Failure and Recovery [J]. Journal of Services Marketing, 2008, 22 (4): 316-327.

[13] ADESEGUN OYEDELE,PENNY M. SIMPSON. An Empirical Investigation of Consumer Control Factors on Intention to Use Selected Self-service Technologies [J]. International Journal of Service Industry Management, 2007, 18（3）: 287-306.

基于结构设计研究的领子造型要素分析

何　婵

【摘　要】领子造型丰富多变，在对领子造型进行结构设计时主要考虑三个方面——领子与人体颈部状态、领子与衣身服帖要求、领子造型。从这三个角度出发阐述了当前基本领型，即无领、立领、翻折领及驳领的结构设计原理，并对各个要素进行了分析说明。

【关键词】结构设计　领子造型　低领　翻领

衣领处在最引人注目的部位，在整体衣服中，占据着十分显要的位置。它既能与人的脸型、体型相结合，从而给别人留下美好的印象，也能彰显服装风格。领型要符合人体穿着的需要，包括满足生理上的合体、护体等实用功能的需要和满足心理上的审美功能的需要。本文拟从结构设计角度分析说明日常生活中最基本的几种领型的设计要素。

一、人体颈部形态特征及其与领子造型设计的关系

人体颈部呈上细下粗的圆台状。男性颈部向前倾斜 17 度，女性约向前倾斜 19 度。颈根部与颈中部的围度一般相差 2.5 cm ~ 3 cm，所以立领的高度设计需符合人体形态。从侧面看略向前倾，上端和头骨下端截面近似桃型，所以前领深通常要大于后领深。后颈点（BNP）、前颈点（FNP）、侧颈点（SNP）、肩端点（SP）是领围线与领面造型设计的依据，千变万化的领型都是以这些关键点为设计基础的。如：将 FNP 向人体左右方向移动到一定的位置，便形成一字领；而向下移动时，可形成 V 字形领或 U 字形领等（见图 1）。如果结合点 FNP、BNP 的移动，还可以设计出许多造型丰富的领子。

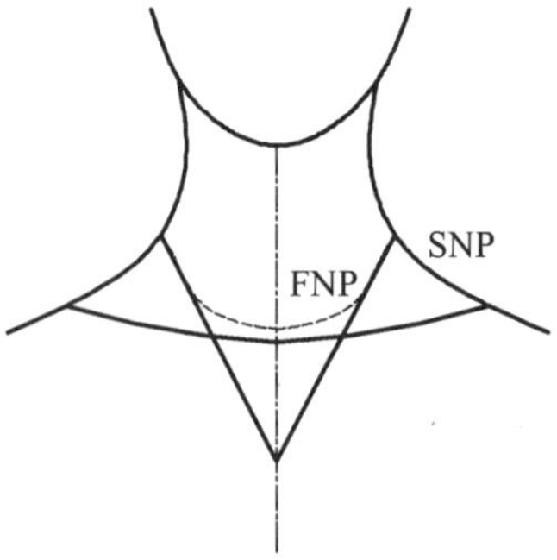

图 1

二、领子结构种类

领子造型分类的方式多种多样，按领子的基本结构分类，可分为无领、有领两大类。

1. 无领结构

无领亦称领口领，是指领口处无衣领的一种款式，即无领身，只有领窝部位，并且以领窝部位的形状为衣领造型线。无领可分为套头式和开口式两种，两者在领口的裁配上略有不同。

2. 有领结构

按其外观形态可分为立领、平领、翻折领和驳领四大类。立领指只有底领没有翻领的领型。平领指只有翻领而无底领或底领很小的领型。翻折领是指在领口部位能够翻折的领型，包括底领和翻领两部分，底领和翻领可分开裁制，如男士衬衣领；或连裁，如女士衬衣领。驳领由底领、翻领和驳头三部分组合而成，三者之间有着密切的关系，既相互联系又相互制约。

三、具体领型结构设计要素分析

1. 无领结构设计分析

不管是用原型法还是用其他的直接制图方法来进行无领的制图，都是在衣片上直接去掉上领部分而得到实际领口线。开口式无领一般前装拉链或纽扣，适用于春秋装。套头式无领一般用于夏装。根据面料的不同，领口可设计成宽领或窄领的造型。

无领的结构设计要素一：无领的结构需符合人体体型，前领口处要与胸部服帖，后领口处与背部服帖，否则衣服会荡开、起空，造型不美观也达不到遮体的效果。开口式无领可在前衣片设计时留出撇胸量，根据胸高度撇胸量在 1 cm ~ 2 cm。套头式无领则可使后领宽大于前领宽，使后领宽有个差数，这样当肩缝缝合后，后领宽可将前领宽拉开，起到撇胸的作用，使前中心领口处贴体。要素二：直开领、横开领尺寸的设计。无领造型有宽领和窄领之分。窄领可以在原型基础上，同时增大前后横开领，增大量以 1 cm ~ 2 cm 为宜。宽领在原型基础上同时增大前后横开领，并开大后领深，这样领部造型才贴体。另外，套头式领宽、领深的设计形成的实际领口线必须大于头围尺寸，以利于穿脱。

2. 立领结构设计分析

立领的结构设计所涉及的重要因素，按造型决定结构本质的因素有以下几个方面。

要素一，立领高度。从审美角度及舒适度来说，立领高度经验值一般取 2.5 cm。立领高度在 4 cm 以内时，衣身的领窝线可与原型领窝线一致，不必修改。当高度≥ 4 cm 时，就必须开大、开深领窝，否则领身会压迫人体颈部引起不适。要素二，立领前部轮廓线。按领上口线形状可分直线形、圆弧形和部分直线部分圆弧三种，在制图时可根据款式制作。要素三，领上口线和领底线关系。领上口线和装领线差值直接关系到立领和颈部的贴合程度。当领上口线与领底线相等时，立领呈竖直状态。当领上口线长度小于领底线长度时，立领呈内倾式紧贴人体颈部。当领上口线长度大于领底线长度时，立领呈外倾式远离人体颈部。在日常着装中，一般立领呈竖直式和内倾式。

结构设计中用领底线起翘量描述立领形状。内倾式立领是在竖直式立领基础上将领上口向里折进，从而领底线向上起翘，内倾式立领的起翘量一般控制在 1.5 cm ~ 2.5 cm。如果超过这个范围就必须开大开深领窝，或者选择立领高度较小的造型，才能够保证立领上口线不影响颈部活动和舒适度。外倾式立领是在竖直式立领基础上将领上口剪开向外放出，使领上口线比领底线长进而领底线向下弯曲。下曲度越大，领外口越松，同时衣领向外倾斜程度越大，但要注意下曲度要有限量，否则立领就立不住变成其他领型了。

3. 平领结构设计分析

平领是较宽的翻领披在肩部，无底领或底领较小的一种领型。在制图时一般在前后衣片的基础上进行配制。平领领底线比领口线偏直，因为领底线曲度减少能使平领的外围减少而服贴在衣片肩部，从而使领面平整。另外，由于领底线曲度小于领圈，使得平领在后领中心线至肩部这部分产生很小一部分领座，这部分领座可以很好地遮盖领底线与领口的接缝，也能使接缝不直接接触到颈部而增强舒适度。

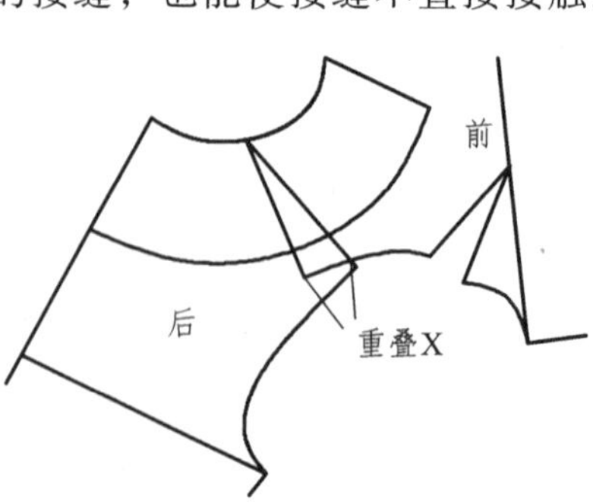

图 2

结构设计要素：前后衣片的肩部重叠量 X（见图 2）和领宽。当领宽不变时，肩部重叠量 X 越大，则领底线越短，领里口弯度越小，底领在后中心线部高度越大；重叠量 X 越小，则相反。当肩部重叠量 X 取定数，领宽越大时，在后中心线处的底领尺寸越大。肩部重叠量 X 和领宽的取值并无定数，可根据实际款式而定。

4. 翻折领结构设计分析

（1）翻领和底领分开的翻折领结构设计分析。

翻领和底领分开的翻折领结构相当于在立领的基础上加翻领的结构，本处分析的是翻折领单独制图时的结构设计要素。

要素一，翻领宽、底领宽取值。装领后为了使翻领能够遮盖住底领，要求翻领宽大于底领宽，且一般取翻领宽与底领宽差值，最小取 1 cm。要素二，底领起翘量 X（见图 3），X 的取值大小直接关系到底领弧线形状，进而关系到翻折领与颈部的贴合程度，根据前面所述立领起翘量 X 的取值一般控制在 1.5 cm ~ 2.5 cm，X 越大则底领越紧贴颈部。当翻领较宽时，起翘量 X 应大些。要素三，翻领下弯程度要大于底领上弯程度，翻领才容易翻折，因此选取 C<D。

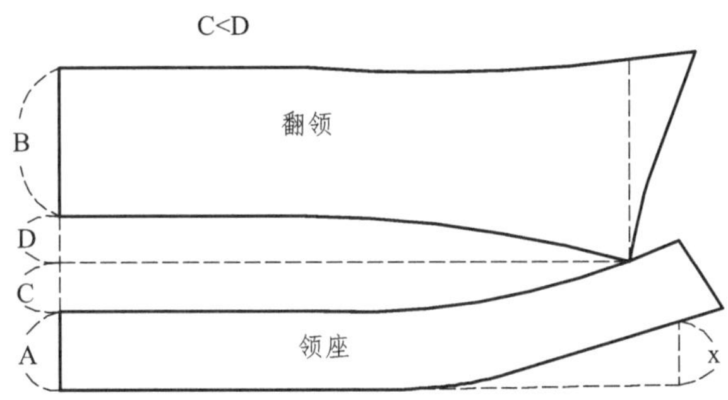

图 3

（2）连翻折领结构设计分析。

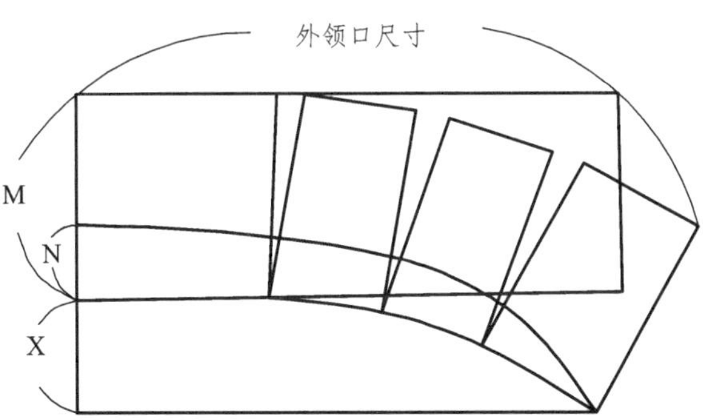

图 4

如取翻领宽 M，底领宽 N。翻折领原型制图法的结构设计要素分析。要素一，衣领外口长度与翻领宽度的关系。当底领的宽度相同，翻领越宽说明衣领翻得越往下，衣领外口长度越长。要素二，翻领宽与底领宽差数大小与衣领外口长度的关系，差数越大，说明衣领披着在肩部的宽度越多，则衣领外口长度越长。要素三，领折线与领口弧线的关系，当领里口线与领口凸凹相对吻合时，衣领翻折线呈现 V 形，当领里口线与领口凹凹相对时，翻折线呈现 U 形。要素四，底领宽与翻领宽差数大小与下落量 X 的关系。底领宽与翻领宽差数越大时，下落量变得越大，近似关系为 M−N=X（见图 4）。

5. 驳领结构设计分析

驳领是各种领型中变化最大、用途最广、结构最复杂的一种。驳领结构造型丰富，但影响结构的基本因素主要有以下几个方面。

要素一，领嘴造型。领嘴采寸由串口线长短、领嘴角度配比来决定，而这个采寸直接关系到领嘴的造型，实际结构设计时并无定数，但必须注意采寸数据要符合人们的审美习惯。要素二，翻折基点和翻折止点位置。这两点位置的确定直接影响翻折线从而间接影响了领子造型。翻折基点的确定方法很多，较科学的方法是在颈侧点向领中心线进一个量，这个量等于翻领宽与底领宽的差值。翻折止点可根据领子造型来决定。要素三，翻折线造型。翻折线造型包括三种现状：直线、弧线、部分弧线部分直线，根据款式来进行结构设计。要素四，翻领倒伏量（或翻领松量、翻领松度）的确定。翻领倒伏量是为了使翻领领面很好地翻贴在领座上，从而使翻领与肩胸服帖。因为领底线不可能上翘，所以必须把领底线向下弯曲，这时候就必须使领底线倒伏，倒伏后形成翻领下口线，比上口线长，长的部分即翻领松量，如果用角度表示则称为松度。目前国内外求倒伏量的方法很多，有比例法、定寸法、角度法等。倒伏量的取值大小与三个因素有关：（1）翻领与底领宽的差数越大，倒伏量越大；这是因为差数越大，弥补领下口长度的量就越大，所需的倒伏量越大。（2）翻折止点位置离腰线越大，翻领要很好地与肩部、衣身服帖，则翻折线越弧倒伏量越大。（3）叠门宽增加时倒伏量也随之增大。要素五，翻领宽与底领宽的设计。底领宽一般取 1.5 cm ~ 4 cm，翻领宽则比底领宽至少大 1 cm，因为要很好地覆盖底领的装领线，可根据款式造型决定。

四、结　语

本文中所阐述的领子结构设计要素涉及较多尺寸的采用，这些尺寸的选取都是目前领子结构设计时大家惯用的数据，实际选取时可依据款式及穿着需要进行调配。目前国内外领子结构设计方法颇多，基本上是一师一法，没有说哪一种方法是绝对正确的，这些方法在特定的条件下有自己正确的方面，但只要我们掌握本文中所阐述的基本领子的结构设计要点，再综合考虑面料性能因素及穿着需要、造型需要等因素，不管用哪一种方法都能够设计出既符合人体穿着需要又美观的领子造型。

参考文献

[1] 张文斌. 服装结构设计[M]. 北京：中国纺织出版社，2006.

[2] 魏静. 服装结构设计：上册[M]. 北京：高等教育出版社，2000.

[3] 三吉满智子. 服装造型学理论篇[M]. 北京：中国纺织出版社，2006.

[4] 刘瑞璞. 服装纸样设计原理与技术女装编[M]. 北京：中国纺织出版社，2005.

[5] 李哲. 西装翻驳领倒伏量的确定方法[J]. 纺织学报，2008（7）.

基于旅游产品层次性和守门人理论的广州文化旅游开发策略

于 杰

一、旅游产品的层次性理论

旅游活动归根到底应当是一种以满足旅游需要为目的而进行的商业活动，文化旅游也是如此，这就使得历史文脉资源必须能够有效地转化为成熟的商品。文化旅游者类型很大程度上受到旅游产品的影响。

在旅游市场学中，一个整体旅游产品都是由核心产品、形式产品和延伸产品 3 个不同层次构成（见图 1）。

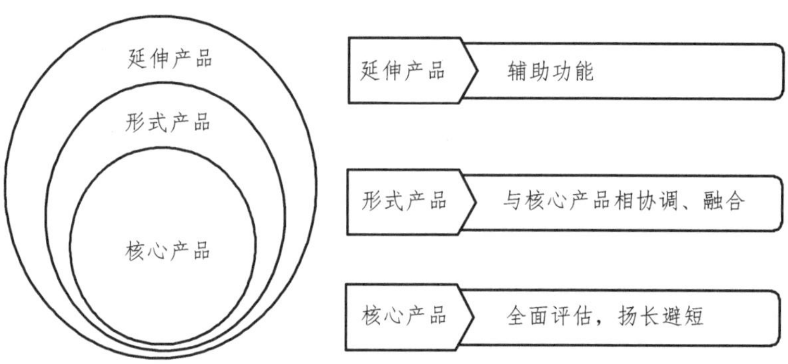

图 1　旅游产品层次图

1. 核心层次

旅游是由吸引物所驱动的活动。旅游核心产品是旅游产品最重要的特征，是指旅游产品中最能突出其特性，吸引游客的核心旅游吸引物。在广州文化旅游中，吸引物特指这其中所蕴含的海上丝绸之路文化、南越国文化、宗教文化、革命文化、商贸都市文化、艺术创意文化、亚运文化、岭南（建筑美食艺术民俗）文化等文化资源。通过问卷调查发现，外地游客来广州游览的首要目的不是文化，而相比之下本地居民选择出游则会较多考虑到文化这一因素。广州历史文化资源丰富，但是对很多文化资源，比如海上丝绸之路文化、宗教文化等宣传不到位，因此感知程度较低。由此可见，广州尽管有着丰富的历史文化资源，却不能有效地转化为吸引旅游者作出决策的文化因素。

2. 形式层次

第二层次形式产品主要表现为旅游景区的自然、文化特色，景区的配套设施和接待服务，以及旅游景区的知名度，景区的可进入性等。在进行文化旅游设计时，特别是在景区的造景及配套设施的建设方面，应该考虑景区自身的地脉、文脉、史脉的特点，设计出的文化旅游产品只有与景区本身拥有的自然、人文、历史资源相融合，才能够强化游客的文化体验。

在可进入性上广州作为岭南地区的一个繁华大都市有其独特优势。广州交通便利，现已建成三个火车站，同时白云机场也有飞往全国各地以及世界各地的航班，可进入性很高，从一定程度上保证了游客的数量。同时，市区内交通发达，地铁广佛线的开通，城际快速铁路的开通，有力地保证了省内和广州市内的客源。正是这种较高的可进入性为广州带来了大量的随意性游客。而各景点的接近度直接影响到游客人数。从接近程度上看，广州各代表文化景点之间的距离不是特别远，加之市区交通便利，这在某种程度上可能增加旅游者的人数。

3. 延伸层次

延伸产品是旅游产品的第三个层次，从旅游者的角度来讲，它是指旅游者在购买旅游产品时所获得的全部附加利益和服务；从旅游产品供给者的角度来讲，它是在形式产品的基础上提供的附加特征，可以增进旅游产品的价值，从而促进核心需求能得到更为便捷的满足。在旅游景区中，这一层次主要包含旅游景区的主题、各种信息的提供、景区的营销方式以及门票价格和优惠等。信息服务、价格优惠以及营销方式是旅游产品与目标市场对接的重要途径，一个好的主题给旅游者带来的精神体验可能是旅游者回忆一次难忘的旅游体验的凭借。

目前，广州对以上提及的八大文化资源并没有形成很好的文化整合，也没有形成统一的目的地形象定位。加之有些文化景区内对历史文脉资源的介绍甚少，使得游客难以获得完整鲜活的文化体验。

二、“守门人”概念的引入

我们知道，预期及体验对于游客的混合意象具有显著影响。而无论是对文化景观的原生意象（预期）还是诱生意象（体验），其形成都与相关的文化信息的传递密不可分，针对旅游中信息的传递，这里可引入“守门人”的概念。

“守门人”是一种理论的代称，它是卢因在 1947 年提出来的。信息总是沿着包含有“门区”的某些渠道流动，在那里，或是根据公正无私的规定，或是根据“守门人”的个人意见，对信息或是商品是否被允许进入渠道或是继续在渠道里流动作出决定。传播学大师施拉姆（W.Schramm）在论及“守门人”的时候也指出，从发送者到最终的接收者之间，被淘汰的内容可能是数量巨大的。著名学者 Bob McKercher 把“守门人”的理论引入旅游研究，他指出“守门人”是在文化旅游的过程中向游览者传递知识和信息的媒介。这是因为文化能够激发旅游者与目的地之间产生强烈的感情纽带，同时在恰当的时候能够激发某种渴望或自我满足性质，使得旅游者产生积极的品牌联想和整体意象。而这些重要文化信息的传递都要通过一定的媒介——守门者。充当守门人角色的主要有景区提供的简短信息、导游的解说及介绍服务、朋友及家人的口碑、相关旅游销售商的营销、媒体的宣传等等。

目前，广州文化旅游中，这些所有的“守门人”发挥的作用并不理想，表现在：

（1）景点提供的告示牌：在广州，很多景区的游览图告示了主要景点以及游览路线，但并没有具体介绍且不够醒目。景区内各主要景点均以文字介绍为主，过长且书面化的介绍不够生动具体，其效果不明显，可能令旅游者疏远，而不能吸引旅游者使其产生共鸣。这在很大程度上阻碍了游客进一步地体验文化景观，影响了游客诱生意象的形成。

（2）朋友及家人的口碑：研究表明，游客选择到一个地方旅游的原因中口碑效应所占的比重不容小觑。本地游客更容易从周围亲朋中获得市区内文化景观的信息。不过，朋友及家人是重要的但不一定是可靠的信息提供者，为了提高他们对景区信息的掌握程度，还必须借助媒体的作用。

（3）媒体的宣传：包括一般商业媒体和专业旅游媒体。一般商业媒体中针对广州文化的宣传片定位不太清晰，这大大制约了游客特别是外地游客对广州文化景观的预期认知。专业旅游媒体如旅行社或旅游景区等分发的宣传手册，同样亦未能很好地彰显广州文化景观与内涵。

三、广州文化旅游开发策略

基于上述旅游产品层次理论、“守门人”理论以及目前广州文化旅游开发中存在的相关问题，笔者提出了以下针对广州文化旅游的开发策略：

1. 基于旅游产品层次理论的广州文化旅游市场开发思路

根据旅游产品层次理论，笔者提出了对广州文化旅游开发的整体思路和框架（见表 1）：

表 1　基于旅游产品层次理论的广州文化旅游开发框架

设计开发层次	资源项目	标的物	功能优势	游客活动方式
第一层次，核心层次	海上丝绸之路文化	黄埔古港、秦代造船工场遗址、南海神庙、越秀公园（镇海楼）、莲花塔、古采石场、怀远驿遗迹、十三行、西村窑址、沙边窑址、濠畔清真寺、粤海关大楼、沙面、石室圣心等	提升目的地整体文化价值和吸引力，树立目的地形象	游览、体验
第二层次，重点层次	南越国文化	南越国宫遗址、御苑遗址、越王井、南越王墓	文化旅游产品的文化可视性与文化愉悦性“双强”优势相结合，是文化旅游产品设计开发的关键	游览、体验
	岭南文化	沙面、荔枝湾涌、陈家祠、岭南印象园、红砖厂、越秀公园、星海音乐厅、广州美术馆、中山大学、粤剧、端午节龙舟会、元宵灯会		游览、体验
	革命文化	三元里抗英斗争纪念旧址、黄埔军校旧址、中山纪念堂、孙中山大元帅府纪念馆、廖仲恺何香凝纪念馆、洪秀全故居、农讲所、黄花岗公园、广州起义烈士陵园等		游览、体验、教育
	宗教文化	光孝寺、怀圣寺光塔、六榕寺、石室圣心大教堂、三元宫、五仙观、华林寺、大佛寺、仁威庙、黄大仙祠、南沙天后宫、黄大仙祠庙会		游览、体验
第三层次，大众文化旅游产品	商贸都市文化	天河广场、海珠广场、珠江新城 CBD 商务区、广州塔、上下九路、北京路、广州国际旅游节、国际美食节、广交会	延长游客的停留时间、增长旅游收入、增强旅游者的旅游兴趣	游览、体验、购物

续 表

设计开发层次	资源项目	标的物	功能优势	游客活动方式
第三层次，大众文化旅游产品	创意文化	红砖厂艺术创意园、羊城创意产业园、1850 创意产业园、北岸文化码头创意产业园、太古仓、信义会馆等		游览、体验、购物
	亚运文化	广州塔、海心沙、奥林匹克体育中心、天河体育中心		游览、体验、购物

（1）第一层次——核心层次，营造氛围的文化旅游产品系列。

在设计开发核心文化旅游产品中应突出文化资源的产品支柱特性，以其孕育广州文化旅游品牌产品、整合设计精品文化旅游路线、树立并提升广州文化旅游形象。文化资源是旅游者最为深刻的、最为触及心灵的文化内容，是旅游者对广州的印象识别及产生积极旅游动机的核心文化内容。

该层次旅游产品的作用主要是提升目的地整体文化价值和吸引力。对于广州而言，根据前期调研结果，广州的海上丝绸之路文化、南越国文化、宗教文化以及革命文化的文化积淀特别浓厚，对于提升旅游目的地整体文化价值具有重要作用。但是历史文化资源开发应有侧重点和主体形象。课题组认为，其中最具世界性意义的是海上丝绸之路文化，这一文化绵延千年，对东西方经济和文化交流产生了重要贡献；而且，千年商都文化是其一个侧面，现代开放窗口文化是其在现代的延续。而古南越国文化、岭南文化、近代革命文化则主要具有区域性、时代性意义，无法作为建设世界文化名城的主要历史文化支撑。因此，广州世界文化名城建设应着重发掘海上丝绸之路文化资源，同时大力开发相关旅游产品，塑造文化和旅游主体形象。根据这些特点，课题组认为对第一层次的文化旅游产品的开发主要考虑将海上丝绸之路文化与这些有典型意义和代表意义的时代性文化结合起来，形成一个共通的文化主题，让游客在文化旅游的过程中更多地感受到广州特有的文化底蕴和文化内涵，打造海上丝绸之路文化之旅。

（2）第二层次——重点产品，专项文化旅游产品系列。

古南越国文化、岭南文化、近代革命文化是广州文化旅游产品重要的组成部分，是设计开发各项文化专项旅游、文化体验旅游的区域优势产品，是文化旅游产品的文化可视性与文化愉悦性“双强”优势的接合，是文化旅游产品设计开发的关键。对于第二层次专项文化旅游产品，其文化体验的“真实性”和文化价值较高，在游览中能够让游客清晰地体验到文化景区的文化底蕴和文化内涵。对于该层次的文化旅游产品，我们要进行突破，使各类专项文化旅游产品都能够很好地展示出其独特的文化底蕴和魅力。

（3）第三层次——大众文化旅游产品系列。

商贸都市文化、创意文化、亚运文化是广州文化旅游产品中不可缺少的辅助产品内容。虽然它并不是以旅游业的产生发展而存在，但是这类文化却为广州文化旅游产品注入了新的活力，它将成为文化旅游产品的延伸部分。其作用在于延长游客的停留时间、增加旅游收入、增强旅游者的旅游兴趣等。

我们知道，广州素有商贸之都的美称，是内地购物的天堂。广州也是世界唯一的两千年长盛的滨海商都，由此可见其商业的繁荣和发达。除此之外，近些年来随着信息技术的不断发展，创意产业也成为一种新兴的文化产业类型，在广州，文化创意产业的发展也十分迅速。加之亚运会的举办，成功地提升了广州的世界知名度。基于此，对这三类文化进行大众文化旅游产品的开发，对提升广州的游客体验具有十分重要的意义，同时也可以提高广州的旅游经济收入，对广州旅游经济的发展具有不可低估的作用。

2. 基于“守门人”理论的广州文化旅游市场开发策略

如前文所述，“守门人”是指在文化旅游的过程中向游览者传递知识和信息的媒介。充当守门人角色的主要有景区提供的简短信息、导游的解说及介绍服务、朋友及家人的口碑、相关旅游销售商的营销、媒体的宣传等等。正是这些“守门人”影响到旅游目的地的信息传播和形象创建。基于此理论，广州文化旅游在市场开发期就应当做好各种媒介渠道的信息传播，保证“守门人”能够接受到准确的信息，且能够有效地传达给目标受众。

根据“守门人”理论，笔者认为广州文化旅游在市场开发中应当做到以下几点：

第一，做好文化旅游景区信息的介绍。

景区提供的简短信息是游客准确了解景区景点内涵的关键所在。景区的信息如何更加全面真实地展现景区景点的内涵是值得我们深入探索的问题。对广州打造世界文化名城来说，文化旅游景区的建设是其重中之重。要使游客能够更加准确真实地了解景区的信息，景区内特有的指示牌、导游图、地标、路标、景点介绍等基础设施设备的建设就起到了非常重要的作用。因此，要特别注重重点文化旅游景区内基础信息设施设备的建设，只有这样才能保证游客获得准确的信息。

第二，做好导游服务。

在打造广州文化旅游的过程中，与游客直接接触的一线导游人员的作用不容小觑。导游作为一线服务人员，他们的一举一动都会影响到游客的满意感，他们对景区文化的讲解也会影响到游客对景点文化内涵的感知。因此，导游作为重要的信息传导媒介，对他们的要求也不能忽视。特别是地陪导游和景区景点导游，他们是在广州文化旅游中直接与游客接触的一线工作人员，其业务能力和素质水平直接影响到游客对景点信息的感知和理解。基于此，对一线导游员要加强其业务水平和素质水平的培训，使其讲解更加规范，同时更加生动多彩，让游客能够更准确地接收信息，增加游客对信息感知的真实性。同时，在导游讲解服务的过程中，也可以考虑运用高科技和信息技术，使讲解更加生动真实。比如加入实物展示，利用现代音像技术等等。

第三，注重游客体验和游客满意感。

根据客户关系管理相关理论，我们知道消费者常常会向他人推荐他认为满意的产品、服务以及体验，每一个消费者都具有推荐价值。同样，在旅游体验中，如果游客的游览经历非常愉快，他也一定会向他的家人、亲戚或朋友分享此次游览的经历，在分享的同时也就存在口碑效应的影响，游客的推荐价值在这时就得到了体现。因此，基于游客的口碑效应和推荐价值，我们在游客参与此次文化旅游的过程中应当特别注重游客体验和游客的满意感。通过提供优秀的服务来增加游客满意感，从而形成正面的口碑效应。

第四，政府做好文化旅游的营销工作。

文化旅游产品开发设计出来后，只有通过商业化的市场运作才能把产品销售出去。广州文化旅游产品如何更好地让来自全国各地乃至全世界各地的游客了解和认识，旅游销售商在这里就起到了十分关键的作用。旅行社以及许多在线旅游服务商是旅游中间销售商的典型代表，它们的市场营销策略是广州文化旅游产品宣传和推广的关键。因此，政府要充分利用这些旅游中间商，做好营销工作，充分利用各种有用的渠道来宣传和推荐广州文化旅游产品，具体包括以下促销策略（见表 2）。

第五，做好媒体宣传工作。

现代传播的技术手段越来越多，宣传的渠道和途径也越来越多，我们要有效地加以运用，就必须掌握和适应每种媒体的特点来确定广州文化旅游宣传的内容和形式。媒体是一个传播工具，善待善用媒体，提高舆论引导力，对广州文化旅游目的地形象塑造具有重要作用。我们要从受众的角度考虑问题，增强宣传的真实性和生动性。同时，密切与各类传播媒体的协作配合，努力把广州最真实的文化清晰地呈现在游客面前，比如制作立意和主题清晰的旅游宣传片，除此之外，我们还可以利用一些新兴网络信息技术的宣传途径做好文化旅游的宣传工作。

表 2　文化旅游促销策略

一般手段		创新手段	
资料宣传	精心制作各类介绍广州文化旅游景点及地方特色的宣传册，并出版发行有关主要景点的明信片、导游图、VCD、DVD 等图文、电子音像资料	节事活动营销	开展岭南美食节、西关风情节、海洋文化节等各种创新性的节事活动，壮大声势，吸引国内外更多的游客前来

续 表

一般手段		创新手段	
新闻媒体	羊城晚报、广州日报、南方都市报等；通过电台、电视台的旅游专版、专栏、专题节目进行宣传促销，提高广州特色文化的知名度，树立广州特色文化的旅游形象	网络营销	做好广州文化旅游的网页设计，使游客通过网络了解旅游目的地的相关信息。充分利用网络广告、网络公关与网络渠道策略以实现旅游目的地的营销目标
人员推销	派出促销人员与以旅行社为主体的中间商面对面交流，使中间商能够详细地了解旅游产品的优点和特色	参加旅游交易会	积极参加每年各地举行的旅游交易会，壮大声势，扩大知名度和美誉度，吸引游客来广州
营业推广	对旅行社的团队实行价格优惠，对组团量大的旅行社给予优惠折扣，以争取形成较为稳定客源的目标市场等	体验营销	开展各种中间商考察旅行活动，如旅行社、旅游协会、政府官员等进行考察和技术访问，通过真实的旅游体验使中间商了解广州文化旅游的特色，从而增加其旅游体验，更好地向目标群体传播
公关	与目标市场政府部门、文化局等政府部门建立良好的协作关系，建立信息网，联系团队客源，以吸引更多游客	绿色营销	绿色营销强调，旅游在发展过程中应注重生态环境保护，注意旅游地原生态文化和社会秩序不被破坏，倡导社会精神文明

参考文献

[1] BOB MCKERCHER，HILARY DU CROS. 文化旅游与文化管理[M]. 朱路平，译. 天津：南开大学出版社，2003.

[2] 郑海燕. 构建旅游目的地的文化旅游产品结构体系——以苏州为例[J]. 人文地理，2003，18（2）.

[3] 韩凯，邹欣庆. 基于空间感知规律的城市旅游形象比较研究——以南京市为例[J]. 长江流域资源与环境，2003，4（12）.

服装 CAD 应用优缺点探究

曾霞 金枝

【摘　要】服装 CAD 自诞生以来备受服装业的瞩目，服装 CAD 技术在给服装企业带来效益的同时，其发展也存在一些问题。本文基于服装 CAD 的三大系统的工作技术基础，分析并总结了当前服装 CAD 应用的优劣势。

【关键词】款式设计　纸样绘制　排料系统

一、前　言

随着高新技术的高速发展，计算机已经成为人类不可缺少的工具。计算机因其强大的功能和极高的效率而成为现代经济发展的得力助手。同样，计算机运用于服装生产的整个过程。

二、服装 CAD 技术

服装 CAD（Computer Aided Design）技术，即计算机辅助服装设计技术，是利用计算机的软、硬件技术对服装新产品、服装工艺过程，按照服装设计的基本要求，进行输入、设计及输出的一项专门技术，是传统的服装方式与现代计算机结合的有效方式，是产品从设计到制造全过程的信息集成和信息流自动化。服装 CAD 技术主要包含款式设计、纸样设计、排料系统三大系统技术。

随着我国服装企业使用 CAD 的普及率和利用程度的提高，这些技术优势将越来越明显。但许多拥有服装 CAD 的企业并不这样认为。

三、款式设计系统

过去的设计师都是依靠笔、纸进行设计。

服装 CAD 款式设计系统资料库里历史信息量大，可随时调出来使用，适合于对历史设计方案进行再创作或者制作款式单一的服装企业，比如男装生产企业，却不适合时常变换款式的服装企业，使得创意设计在服装 CAD 的款式设计系统中难以实现。

对大多数设计师来说，CAD 的款式设计系统只能起到有限的资料库的作用。因此，大部分服装设计师不利用 CAD 技术进行独创性工作，只因在电脑中生成的款式图并不能随心所欲，要通过鼠标移动及变换屏幕来生成图形，这就使艺术表现过程过于复杂化，不能直接快速地表达设计师的灵感，淡化了设计师的创作欲望。

服装设计师灵感一到位便执笔而作线条稿件，然后用扫描仪将线条图片输入电脑，再在电脑中完成修改、复制、配色等工作。另外，CAD 现有的大多数款式设计系统的绘图功能并不比一些通用的图形软件，如 coreIDRAW、PhotoShop 更强大、效果更好，这就使服装企业购买款式设计系统的积极性不高。

四、纸样设计系统

服装 CAD 样片设计系统的运作主要是通过鼠标和电脑桌面进行。鼠标代替人手中的笔，电脑桌面代替打板师台上的纸。所以，使用服装 CAD 样片设计系统不用再买“笔”和“纸”，可重复使用。

过去设计师依靠笔、纸、直尺、曲线板进行设计和绘图，设计中既要进行精确计算和测量，又要依赖经验和直觉的判断，因此在手工制作样片的过程中，需要不断地修改样板，做出样衣，发现问题就再次进行修改，非常浪费。运用服装 CAD 技术可以避免这个问题。但是，在系统中版型制作流程太烦琐，缺少传统设计工具的随意性。比如，在绝大部分的样片设计系统中画直线就有多种工具：水平线、竖直线、垂直线、斜线等，各直线都有自己相应的功能键，绘制一款服装结构图，需要不停地改换功能键，给设计过程增加了诸多不便。而手工操作只需一把直尺就可以完成以上各种直线的绘制。样片设计系统的软件是不能代替人实现自主操作的，对大多数设计师来说，服装样片设计系统只能起到快速提取板样、储存信息的作用。

服装 CAD 系统大多由高等院校和研究所开发设计，因此其衣片设计系统多采用“学院式”的制板方法，也就是公式输入法。但大多数经验丰富的工厂样板师往往采用的是直接注寸的制板法，即按照服装尺寸的款式要求，凭经验直接划出辅助线和轮廓线，简单明了。

除此之外，运用服装 CAD 技术开发新款服装时非常麻烦，必须将设计的纸样通过绘图仪输出，然后将纸样放在人台上检测。测出不合体的部位的变动尺寸，然后再到系统中调出相对应的文件，进行修改。完成调整操作后，还必须将纸样再次打印输出，进行假缝检测。这种反复在电脑上操作和手工操作之间互换设计的情况，打断了完整的设计过程，影响了设计思路，同时增加了耗材成本。另外，人台的数量及形状是否适应设计需求，这在实际生产中都是要考虑的问题，不可能因为开发新产品而购置新的形体人台。

五、系统生成的图形和手工绘制的 1：1 图形的视觉差异

纸样设计模块有两种设计模式：线设计和点设计。针对两种不同的设计模式，在操作应用过程中，就其功能侧重点不同，并结合款式有针对性地选择相应功能进行操作。点设计系统可以设计许多基本框架结构图或像休闲服一类对外轮廓要求不太严格的版型；对于省道转换设计复杂、外轮廓线调整多的女装时装设计，建议使用线设计系统，关键部位的外轮廓可凭经验和款式要求随意进行调整。

在绘制过程中，服装的外轮廓线是曲线，不是具体的数据可以完全决定的，要结合服装效果图和市场流行趋势，凭经验和感觉进行调整。因此，要不断地对样片进行修改，而显示屏上的服装样板一般只有原板的四分之一或五分之一大小，一些细微的误差因此被“隐匿”了。而轮廓线的修改最好在全板可视的情况下进行，电脑由于显示屏尺寸的限制无法做到这一点。比如线与线之间的连接，当是 1∶1 的情况，线之间有并不连接的状况，这就是计算机系统生成的图形和实际生产中绘制的 1∶1 图形存在的视觉差异，这种差异的大小取决于设计者的操作经验。对系统操作不熟悉的设计师习惯在 1∶1 大图的情况下进行局部修型，在电脑显示屏尺寸的限制下，无法达到所希望的效果。而将其局部放大后，又因不能纵观全局而无法修改。因此，在实际生产中，针对那些较复杂的服装版型，工厂样板师们往往是手工绘制原始样板，再用数字化仪将其输入电脑中，然后利用电脑进行修改复制工作，如加放缝份、贴边、提取里布、做净样板和熨烫板等，最后再完成放码和排版操作。

六、样片排料系统

只要输入衣片，输入衣片片数，服装 CAD 排料系统便可以自动排出不同方案的排料图，既省时又省力。其排料图的布料利用率可高达百分之八十以上，但是排料应用灵活度低，线与线之间不能有任何的接触，且留有少量的空隙。在工厂里面，一些经验丰富的排料师傅进行手工排版，可以将某些点线进行重合，这样布料利用率可达百分之九十以上。

很多公司在运用 CAD 排版时发现，实际面料的折痕处总与其他部位有着一定的色差，在排料操作时，按折痕的面料距离进行排料并存储了文件；如果此时发现面料还有其他有瑕疵的地方，如线结等，通过测量距离避开瑕疵点重新排料，此时这个排料方案就应该还存储在同一个文件名下。否则，一种排料方案一个文件存储名，为查找增加了许多麻烦。这就要求系统具备一个排料文件可保存多种排料方案的功能。

七、服装 CAD 系统兼容性

用某个品牌服装 CAD 做出来的作品，用另外一个品牌的 CAD 不能读取进行再操作，服装 CAD 系统兼容性差。必须用数字化仪输出，然后再输入，才可以让不同品牌的 CAD 读取。且在各种接口模式上，如应用程序与系统软件的接口并没有采用并完善统一的格式标准。目前，对 CAD 系统输出的数据可直接输入到其他系统和应用软件中，以及 CAD 系统能与公司其他软件或系统协调的要求越来越强烈。

八、总　结

在服装的生产应用中，服装工艺设计对企业的促进作用是显而易见的，但目前，服装企业在应用服装工艺设计技术上还存在着不少问题，制约了服装工艺设计技术在企业的推广和普及。只有将服装工艺设计系统的开发、应用、人才培养三个方面结合起来，并使其相互协调和互助，才能有助于服装工艺设计技术的推广和普及。

参考文献

[1] 刘卉，许端清，陈纯. 服装 CAD 综述[J]. 计算机辅助设计与图形学学报，2000，12（6）.
[2] 潘波. 服装工业制板[M]. 北京：中国纺织出版社，2000.
[3] 郑秋霞，冯雪芬. 服装 CAD 应用分析[J]. 太原科技，2009（6）.
[4] 冯洁. 我国服装 CAD 市场现状分析[J]. 天津纺织科技，2006（3）.

高职学生综合技能训练与企业结合的研究与实践

张 颖

【摘　要】本论文提出在第一学期到第五学期每个学期开设一门“综合技能训练”课程，并且将这门课程在企业开设，让学生在每个学期末都能有10～30天的时间到企业去参与一些与本学期课程相关的项目研发或实施工作。这样不仅使学生的实践能力、创新能力得到了锻炼和提高，创业精神得到了激发，而且他们通过与实践结合，与社会接触，与各种人员合作共事，体验到了工作的艰辛，培养了分析问题、解决问题的能力和集体协作的团队精神，职业素质和就业竞争力逐步提高。

【关键词】高职教育　综合技能训练　校企合作

党的十八大提出，要加快发展现代职业教育；党的十八届三中全会强调，要“加快现代职业教育体系建设，深化产教融合、校企合作，培养高素质劳动者和技能型人才。”这不但为职业教育发展指明了方向，而且明确了职业教育体系建设的发展思路。所以，为高职学生设立一门综合技能训练课程，并把这门课程与企业相结合，是高职发展的趋势和必然。将高职学生综合技能训练与企业结合，可以在一定程度上拓宽学生的学习平台，为职业教育提供可持续发展的动力。

1. 研究目的和意义

根据高职高专人才培养体系对知识和能力的要求，“以服务为宗旨，以就业为导向，产学研结合，办人民满意的高等职业教育”已成为高职教育的主旋律。同时，也被社会各界高度认同并作为高等职业教育发展的基本定位。虽然很多高职院校据此在最后一个学期设立了专业实习项目，但为期 3 个月的实习不仅时间短而且开始的时间也较晚，很多高职的学生在就业时依然不能很快进入角色，职业教育的特色与优点也没有明显地突显出来。所以，有必要在保证最后一个学期的专业实习的基础上，在前五个学期每学期开设一门“综合技能训练”课程，并且把这门课程与企业结合。这样，不仅学生的实践能力、创新能力得到了锻炼和提高，创业精神得到激发，而且他们通过与实践结合，与社会接触，与各种人员合作共事，体验到了工作的艰辛，培养了分析问题、解决问题的能力和集体协作的团队精神，职业素质和就业竞争力也能随着每个学期开设的“综合技能训练”课程一步步得以提高。

2. 研究内容

（1）主要内容。

“综合技能训练”课程开设的时间为第一学期到第五学期，地点为企业，学时为10～30天。课程的内容根据专业和学期情况具体设定。总的思想是让学生在每学期末用10～30天的时间到企业去真正体会职业人的工作状态，同时参与企业中一些与本学期课程相关的项目研发或实施工作，真正做到把学到的理论知识和操作知识应用到具体的实践中。这种方式弥补了以前只在最后一个学期设立专业实习，时间少且太过于集中的缺点，使学生从入学伊始就能很快学习职业技能并在每个学期加深对所学内容的理解和应用，不仅为高职学生最后一个学期的专业实习打下基础、奏响前奏，使学生一步步进入到高等职业技术人才的领域，而且使他们提前接触到企业的一些文化和氛围以及工作方式，并能视情况调整自己的职业定位和方向，具有就业危机感，变“要我学”为“我要学”，加强了学习的主动性。

（2）创新之处。

综合技能训练与企业结合的方式，充分考虑了高职学生就业时的心理承受能力和心理调整能力，变最后一个学期实习为每个学期实习，加大实习力度以及与企业结合的紧密度，使学生逐步适应高等职业技术人才的工作状态。目前，大多数高等职业院校都为相关理论课程设立了实验或实训，为“综合技能训练”打下了基础；十八届三中全会提出的高职发展方向和全国经济飞速发展的大氛围，为“综合技能训练”与企业结合提供了机会和可能。将综合技能训练与企业结合，解决了高职学生在学校学到的知识不能很好地应用到工作中的问题，让学生切身体会到知识与实践的结合。不仅使学生的实践能力、创新能力得到锻炼和提高，创业精神得到激发，而且他们通过与实践结合，与社会接触，与各种人员合作共事，体验到了工作的艰辛，培养了分析问题、解决问题的能力和集体协作的团队精神，职业素质和就业竞争力也能随着每个学期开设的“综合技能训练”课程一步步得以提高。

（3）课程设计。

笔者以玉林师范学院职业技术学院的计算机网络专业为例，设计了综合技能训练课程的教学方案，每学期综合训练的内容都是在上一学期综合技能训练内容基础上的升华，不但是对前期知识的回顾和总结，更是对本学期知识的进一步理解和深刻领会。

首先，联系好合作企业，在每学期末输送一批学生到企业去进行综合技能训练，根据学生所学情况分组，每组有不同的工作内容。

第一学期，学生只需掌握一门专业基础课，即“计算机应用基础”，所学内容为Windows XP操作系统、文字处理软件（Word）和表格制作软件（Excel）。期末，我们安排学生到企业做文员，让学生能够有机会应用在“计算机应用基础”课上学过的知识，加深对计算机本身的理解，提高办公软件操作能力。

第二学期，学生开始接触到了网络知识，我们以“网页设计与标记语言”和“PhotoShop 平面设计”为依托，组织学生利用这两门技术制作静态网页，结合企业需求，完成网站设计。

第三学期，学生学习了相关课程“Flash 与 XML”，我们在上学期的基础上加入了 Flash 与 XML 的技术，以“网页设计与标记语言”“PhotoShop 平面设计”“Flash 与 XML”三门课程为依托，组织学生制作加入了动画特效的网页，使学生对网页制作的理解上升了一个台阶。

第四学期，学生学习了新课程“网页脚本语言”，于是我们把 javascript 脚本语言融入到网页制作中，以“网页设计与标记语言”“PhotoShop 平面设计”“Flash 与 XML”“网页脚本语言”四门课程为依托，组织学生制作加入了脚本语言的网页，使网页的功能更加丰富，页面设计更加美观。

第五学期，学生学习了关于网站后台制作的两门课程“数据库基础”和“Asp.net 程序设计”，于是我们把网站制作提升了一个高度，要求学生把 Access 和 Asp.net 的技术加入到网站制作中，以“网页设计与标记语言”“PhotoShop 平面设计”“Flash 与 XML”“网页脚本语言”“数据库基础”“Asp.net 程序设计”六门课程为依托，建立一个能够满足企业需要的网站，不仅网站构架清晰合理，导航人性化，而且用户与企业交互良好，后台数据库正常服务。

通过五个学期的综合技能训练，学生对知识的应用能力和实际操作能力不断增强，不仅不觉得困难，反而兴趣盎然，积极实践，自身的操作水平不断提高。

（4）效果评价。

我院（玉林师范学院职业技术学院）已同浙江嘉兴太阳城集团、中山同得仕丝绸服装有限公司、广西运美国际旅行社有限公司、浙江嘉兴隆聚餐饮集团等多家公司签订合作方案，并已输送多批学生到这些企业实习。学生普遍反映改后的实践方式更能体现高职特点，把实际操作水平提到了一个很重要的位置，且在循序渐进中不断地掌握新知识与新方法，既不会觉得吃力，也不会觉得乏味。对实践环节的重视和地点的更改，不仅让学生们在实践中提高了技能水平，也在企业的环境中受到身心的洗礼，从企业文化到企业运行方式，从团队协作到精益求精，学生更加深刻地理解了作为高职学生该怎样学习，同时也体会到了综合技能训练与企业结合的好处。

3. 结束语

职业教育的实施是一个复杂的系统工程，校企双方合作开展职业教育已经成为高等职业教育的一个趋势，有助于学生更快更好地融入企业、融入社会，对高职学生的发展具有重要意义。

参考文献

[1] 关于全面提高高等职业教育教学质量的若干意见（教高〔2006〕16号）[Z].

[2] 骆昭平."工学结合"人才培养模式下实践教学研究[J]. 中国成人教育，2010（24）.

[3] 勒晋. 关于校企合作模式的探讨[J]. 中国教育技术装备，2011（14）.

[4] 徐雅斌. 校企合作人才培养模式的研究与实践[J]. 计算机教育，2013（2）.

广西少数民族服饰文化资源的旅游价值及开发初探

何素珩

【摘　要】本文在广西少数民族服饰文化资源特点研究的基础上，分析了广西少数民族服饰文化资源的旅游价值，并进一步提出了广西少数民族服饰文化资源旅游开发的设想。

【关键词】广西少数民族　服饰文化　旅游价值　旅游开发

广西居住着壮族、苗族、瑶族、侗族、仫佬族等少数民族。在漫长的社会发展过程中，各少数民族创造了丰富多彩的服饰文化。各少数民族的服饰文化从不同的角度反映了其社会、历史、政治、经济、文化、风俗，是其传统文化的重要组成部分。随着广西打造“旅游新高地”的发展目标的确立，广西少数民族服饰文化的旅游价值更加凸显。进一步开发广西少数民族服饰文化的旅游价值，让辉煌灿烂的少数民族服饰文化在旅游业中大放异彩，是广西旅游开发工作的新内容，具有很强的开发潜质。

一、广西少数民族服饰文化资源的旅游价值

1. 旅游要素：体现游、购、娱三大环节

旅游活动的六大要素（食、住、行、游、购、娱）中，少数民族服饰文化资源的价值主要体现在游、购、娱三大环节，是满足游客需求的核心部分。广西的山水风光令人向往，其多姿多彩的民族风情也令人迷恋，古朴、奇特、多彩的民俗风情，如壮族的三月三歌节，瑶族盘王节、达努节，苗族芦笙节、拉鼓节，侗族花炮节，京族唱哈节，仫佬族依饭节对中外旅游者具有极大吸引力。

少数民族服饰资源具有极强的民俗地域特征，是旅游景观尤其是民俗旅游中重要的构景要素。旅游者通过观赏由色彩、面料、纹饰和款型等元素组合而成的服饰，进而了解不同民族的体貌特征和生产生活方式。当前的旅游活动常常借助民族服饰表演、戏曲歌舞等吸引游客，游客或观赏，或参与，整个游览过程多姿多彩、生动活泼、趣味十足，游客在轻松愉快的气氛中体验到旅游的魅力。

少数民族服饰一向以鲜明的色彩、精美的工艺、奇异的样式和独特的风韵著称，

恰好与现代人的审美需求相吻合。如今，许多少数民族服饰已经跨越地域，融入现代社会。或收藏留作纪念或馈赠传递友情，市场需求量非常大，越来越多的人开始关注并购买少数民族服饰。

2. 艺术审美：满足旅游者美的享受

艺术审美是旅游审美的主要内容。审美价值是服饰追求的基本功能之一。从远古人类服饰的产生到现代服饰的发展变化，始终都离不开人类欣赏美、追求美、创造美的心理驱动。同样，广西少数民族服饰文化的形成与发展也受到各民族审美意识与审美观念的深刻影响。例如，生活在广西南丹的“白裤瑶”，男子上穿圆领无扣黑色土布对襟衣，前襟两边绣有长方形白色图案和两条红色花边，下着白色灯笼裤，裤脚至膝。在五厘米的裤脚红边上，绣有四条交叉黑白线，构成六瓣花纹，花纹上绣五条红色直线，红白对比鲜明。妇女上身穿贯头衣，胸前是一块黑色土布，背后是一块白底蜡染布，上绣方形图案，前后两块布不缝合，只用两条布带系紧，上开圆孔，下着蜡染红、蓝、黑相间的大圆百折花裙，俏丽飘然，十分优美。“及膝白裤五指印，背绣大印”为“白裤瑶”服饰所特有。这些无不体现着广西少数民族服饰的精美绝伦，给旅游者带来美的享受。

3. 文化传播：投射民族历史，反映民俗

广西壮族、瑶族、苗族等少数民族的服饰如同一部无字史书，记载着荒古的神话、始祖的业绩、家族的宗谱、民族的历史。旅游者到少数民族地区旅游，通过欣赏少数民族服饰获得美的享受，并从中获取知识，了解少数民族的传统文化。如南丹“白裤瑶”服饰最有特色的“背绣大印”和“五指印”——“白裤瑶”妇女背上的图案为方形，形若大印，据说形似当年被土司抢走的盘王印，因此绣在衣背上以示永远铭记；男子白裤上绣制五条鲜红垂直线，代表祖先与土司奋战时的十指血痕，以表对祖先的缅怀。这些是刻录在少数民族服饰上的民族艰苦奋斗的历史。

4. 参与体验：符合求新、求奇、求异、求趣需求

体验经济是当前的时代潮流，旅游产品的开发也不应该拘泥于观光、度假、休闲等传统方面的发展，应给旅游者提供体验式旅游产品。虽然少数民族服饰同其他社会文化现象一样，具有时代性、变异性，但它亦具有独特、鲜明的地域色彩，对旅游者来说也是一种新奇的文化事物，具有一定的体验价值。如通过穿戴服饰可以体验服饰的舒适度、美观度，还可以据此了解少数民族的生活方式、社会习俗、政治制度等；若能亲自参与制作过程，经过纺、织、染、做一番忙碌后，带着自己的产品离开目的地，这种经历不但能增添旅游乐趣，而且会永远留在游客的记忆中，

供其长久地回味。这将有助于深化旅游活动，满足旅游者求新、求奇、求异、求趣心理。

二、目前开发广西少数民族服饰文化资源存在的问题

1. 广西少数民族服饰商品缺乏特色，数量及质量无法保证

旅游购物是旅游业发展的重要经济来源。广西少数民族服饰种类繁多，造型独特，工艺精湛，极具纪念意义和艺术魅力，是游客购物的主要对象。目前，桂林、河池等地出售的瑶族、壮族服饰较多，但大多质量一般，价格低廉，且没有广西的特色，类似的服饰在云南、贵州等地也能购买，而其他少数民族服饰作为旅游商品开发的就更少了。

此外，服饰文化的精粹——传统工艺消失殆尽。精美的手工刺绣、挑花，古朴的棉、麻布料被工业花边、塑料制品、劣质的化纤布料所代替，新式的民族服饰做工粗糙，令人惋惜。

2. 广西少数民族服饰资源在文化体验参与中的开发层次较低

服饰资源能够让旅游者在旅游活动中通过参与得到不一样的体验，能够给人带来心理上的美感，实现自我精神，这都是深层次的挖掘。广西少数民族服饰文化资源开发还只是停留在传统服饰试穿、拍照留影等较低层次。

3. 广西少数民族服饰资源开发与其他旅游资源脱节，没有形成服饰环境

服饰资源一般是作为辅助型的旅游吸引物，主要目的是增加旅游的魅力。广西有着独特的主体旅游吸引物，如山水风光、民族风情等，却没有很好地把服饰文化资源开发成辅助型旅游文化景观。例如在许多风景区，导游大多身着少数民族服饰，颇具特色，但旅游区内的饭店、宾馆、商店等服务人员却极少身着民族服饰。一些服务人员甚至将少数民族服装与其他流行服装胡乱搭配，如上穿具有少数民族特色的上衣，下着牛仔裤，或者穿上具有少数民族特色的衣裤却配上时髦的高跟皮鞋，不伦不类，形成不了服饰环境，不利于旅游地特色形象的建立。

三、广西少数民族服饰文化资源的开发设想

同别的资源开发一样，对少数民族服饰文化资源进行旅游开发，也要坚持“在开发中保护，在保护中开发”的原则；坚持遵循保护为先，突出典型，适度开发的原则。

1. 少数民族服饰资源与其他旅游资源组合开发

有针对性地开发特色鲜明的少数民族区域景观，营造自然的民族风情实景，把服饰、文化、自然景观等旅游资源组合在一起，显示少数民族服饰资源的旅游价值，这是开发的新设想。目前，把少数民族服饰作为一种旅游资源来开发，广西尚处于起步阶段。考察、分析广西少数民族区域景观的旅游开发、利用和经营状况，不难发现广西许多少数民族区域景观“情”“景”分离现象十分严重：旅游者只见“山歌好比春江水”，却未必能一睹身着壮族不同支系服饰的同胞的风采。缺少自然、本真状态的景观，不能体现少数民族的独特风情。

2. 合理实现少数民族服饰的商品化

一方面，应增加广西少数民族服饰商品的种类，使其多样化、系列化，开发不同档次的服饰商品，满足不同层次的游客的购物需求。另一方面，应开发富有民族特色、艺术特色，原汁原味的，具有收藏纪念价值的高质量的民族服饰，尤其是那些具有代表性的服饰，例如“白裤瑶”服饰、“黑衣壮”服饰等，使之成为拳头旅游商品，提高旅游商品的市场占有率，并通过游客的大量购买和宣传，为旅游区招徕更多的客源。此外，旅游地的政府和各级主管部门对少数民族服饰的加工、制作应加强引导管理，组织开发。只有站在保护少数民族服饰文化和实现少数民族服饰资源的市场价值的高度，把“留住手艺”和商业开发有机结合起来，才能彻底摆脱目前的困境。

3. 深层次开发体验参与型产品，传播文化

陌生新奇的体验是旅游者高层次的需求，也是新型旅游产品开发的方向。能让游客在旅游中通过参与得到不一样的体验是深层次开发的服饰旅游产品必须具备的功能，体验型服饰旅游除了传统服饰试穿、拍照留念之外，还有很多可开发的内容。比如说各民族都有丰富多彩的节日活动，而节日期间，人们都会穿上最漂亮的民族服饰展示自己，因此，可充分利用节庆活动来展示民族的服饰。例如，广西瑶族的盘王节活动搞得有声有色，既开发了民族服饰旅游资源，又促进了当地经贸活动的开展。节庆活动必不可少的一项就是民族服饰表演，另外，可利用旅游景点的优势环境，定期举行民族服饰的专场表演与展示，这样，既宣传了民族服饰，又能使民族服饰走上专业化道路。又比如，设立以满足外来游客亲手操作需要的少数民族服饰生产场所，传授技术，传播文化。可以让游客亲手参与服饰的制作，绣一绣花边，缝一缝包带，做一做饰品，体验制作服饰的乐趣，甚至可以让游客将参与制作的成品带走，让游客终生难忘。

参考文献

[1] 巴兆祥. 中国民俗旅游[M]. 福州：福建人民出版社，1999.
[2] 杨林. 民族服饰文化旅游价值开发[J]. 民族经济与社会发展，2004（9）.
[3] 戴平. 中国民族服饰文化研究[M]. 上海：上海人民出版社，2000.
[4] 曲玉镜. 我国少数民族服饰资源的旅游价值及开发[J]. 民族艺术研究，2006(3).

浅析壮族服饰元素在现代设计中的运用研究

王　玥

【摘　要】壮族是中国少数民族大家庭中人口最多的，有着灿烂的文化和悠久的历史。壮族服饰体现了独特的民族文化，丰富多彩的民族服饰元素引人入胜。笔者通过对民族服饰的图案、色彩、服饰材料等元素进行分析，从环保的角度阐述壮族服饰材料构成。建议设计师可以直接或间接的方法将民族服饰元素融入到现代服饰设计中。

【关键词】民族元素　现代设计　环保

一、壮族服饰的历史根源

壮族是我国少数民族中人口最多的一个。壮族主要居住在广西壮族自治区，其中有 100 余万人生活在云南省境内的文山、红河、曲靖，广东省的连山、贵州省的从江和湖南省的江华也有壮族分布。

壮族有着悠久的历史和灿烂的文化。壮族是由中国古代岭南地区百越中的一个支系发展而来的。秦汉时期称为“西瓯”“骆越”；唐代时期称为“西原蛮”“峒僚”；宋、明时期称为“撞”“僮”等；到了清代被称为“僮家”“僮人”“侬家”“侬人”等。1949 年后统称“僮族”，1965 年改“僮”为“壮”。

壮族聚居的广西壮族自治区地处热带亚热带地区，气候温和，雨水充足，山地丘陵密布，山岭绵恒，中间分布的盆地土地肥沃，十分利于农业的发展。壮族除擅长种植水稻外，手工业发展比较早，制造的铜鼓、壮锦驰名中外。

壮族的纺织业历史悠久，水平很高。南宋地理学家周去非的《岭外代答》曾记载“如白质方纹，广副大缕，似中都之线罗，而佳丽厚重，诚南方之上服也。”其中所指的就是著名的邕州（现南宁市）出产的服装面料。以棉线为经、五色绒线为纬织成的壮锦，工艺精湛，名扬四海，明朝时期作为皇室规定的贡品。壮族服饰中的头巾、腰带、围裙、胸兜、绑带、绣花鞋等都是精心地应用织、染、绣、缝等工艺完成的。

壮族居住地区地处中、南亚热带季风气候区，气候温暖，热量丰富。故服装以蓝黑色衣裙、衣裤式短装为主。清代顾炎武《长下郡国利病书》记载：“壮人花衣短裙，男子着短衫，名曰黎桶，腰前后两幅掩不及膝，妇女也着黎桶，下围花幔。”《广西通志》中记载：“男女服色尚青，蜡点花斑，式颇华，但领、袖用五色绒线绣花于上。”壮族尚青黑色，古代、近代多以蓝靛作染料，喜欢穿着染成蓝黑色的衣裤或衣裙。壮族男子多穿对襟或右衽圆领上衣，束腰带，穿宽大长裤，有的绕绑腿，用青色、蓝色或是白布包头。不同地区妇女的服饰各有特色，大多穿着无领大襟或是对襟绣花滚边上衣，滚边绣花宽腿裤、筒裙或是蜡染装饰的百褶裙，束有绣花围腰或短围裙，包头巾，穿绣花鞋。现今由于民族的不断融合，男子服装几乎与汉族服装相差无几，只是腰间束带而已；妇女服装多用花边装饰，腰间束围裙，裙装逐渐被裤装代替。

二、壮族服饰图案

传统的壮族服饰图案纹样十分丰富，包含了花草、凤凰、青蛙、鸡、鸟、蛇、水、太阳、雷电等。这些图案不仅仅是起到装饰作用，壮族人民还赋予了图案自然崇拜、图腾崇拜、生育崇拜等意义，以求驱邪避祸、平安无灾和健康吉祥。

1. 花草图案

花草图案是服饰中最为常见的图案，如荷花、梅花、菊花等，或是以花为组图的图案，如“喜鹊登梅”“鸳鸯戏水”“蝴蝶朝花”“凤穿牡丹”等，都反映了人们心中对美好生活的向往和对开枝散叶的期盼。

2. 动物图案

壮族崇拜的动物图案包括蛇、青蛙、鱼等。这些动物象征了超强的繁育能力，生产繁多，期盼多子多孙。

3. 云、水、太阳、雷电等图案

云、水、太阳、雷电的形象在服饰中应用也十分广泛，如云雷纹、水波纹、太阳纹则更多地表现了对自然神力的敬畏。

三、壮族服饰的装饰品

过去壮族妇女佩戴银饰品十分普遍，据于1933年编的《广西各县概况》载，百色“女子饰品，有发箍、簪及指约、手镯等。”“妇女装饰，城厢多尚金玉，乡村则重玉质银器。”“西林惟女子最爱佩戴簪钗、耳环、手镯及盾牌等。富者用金质，贫者用银质。”桂东南的壮家少女，也“尚戴银质簪环”。壮族银饰的种类繁多，主要有银梳、银簪、耳环、项圈、项链、胸排、戒指、银镯、脚环等。现在随着人们观念的变化，佩戴银饰的已十分少见了。

绣球是壮家人的定情物和吉祥物，是广西壮乡极具特色的旅游工艺品之一，原为壮族青年男女之间的爱情信物。广西绣球多以红、黄、绿三色做底及面料。绣球大多为 12 瓣，每瓣皆绣上各式吉祥物，如梅、兰、菊、竹等花卉图案或春燕、龙、凤等动物图案等。广西壮族绣球又称为“堆绣绣球”，由老艺人采用“堆绣”这一古老而复杂的刺绣工艺制作而成。其结构独特，选料考究，且全部以手工制作，做工精细，小巧玲珑，色彩鲜艳，十分精美。一般的绣球大都是采用单线刺绣的方式在花瓣的面料上绣出各色图案，花瓣面料上的图案为平面式，线条、色彩如画一般美；而采用复线刺绣方法的“堆绣绣球”则图形更为精美，图案极为复杂，所勾勒之物栩栩如生，极富立体感，数绣球中的极品。

四、壮族服饰的材料

壮族妇女有植棉纺纱的习惯，纺纱、织布、染布是一项家庭手工业。用自种自纺的棉纱织出来的布称为“家机”，质地厚实，十分耐磨，色泽以蓝、黑或棕色为主。

壮锦与云锦、蜀锦、宋锦并称“中国四大名锦”。壮锦又称“僮锦”“绒花被”，是壮族人民享有盛名的纺织工艺品。它用棉纱和五色丝绒织成，花纹图案别致，结实耐用。壮锦的生产，远在 1000 多年前的唐、宋时代已有记载。到了清代，壮锦生产已遍及壮族地区，成为壮族人民的被服所需和市场的畅销品。中华人民共和国成立后，壮锦得到新的发展，花纹图案不断创新。这种利用棉线或丝线编织而成的精美工艺品，图案生动，结构严谨，色彩斑斓，充满热烈、开朗的民族格调，体现了壮族人民对美好生活的追求与向往。《广西通志》载：“壮锦各州县出，壮人爱彩，凡衣裙巾被之属莫不取五色绒，杂以织布为花鸟状，远观颇工巧炫丽，近视而粗，壮人贵之。”传统的壮锦以棉、麻线作地经、地纬平纹交织，用粗而无拈的真丝作彩纬织入起花，在织物正反面形成对称花纹，并将地经、地纬组织完全覆盖，增加织物厚度。其色彩对比强烈，纹样多为菱形几何图案，结构严谨而富于变化，具有浓艳粗犷的艺术风格。

五、壮族服饰的色彩语言

壮族服饰色彩以青、黑色为主基调，妇女服色在此基础上配以少量五彩色，是壮族人民典型的服饰用色和配色方式。这种选色方式也包含了某种意义和功能：

（1）壮族服色尚青黑，源于驱邪祈佑。壮族自古以来就有蛇图腾、鸟图腾和蛙图腾崇拜。壮族先民尊蛇、乌鸦、青蛙等图腾物，而其都为青黑色，人们在使用图腾物以求图腾护佑的同时也就使用了色彩。

（2）壮族妇女服饰颜色尽管多用青、黑、蓝色，但其在关键部位运用了其他对比比较强烈的颜色。这些颜色的增加使服饰增添了几分美感。

（3）壮族服饰色彩是社会成员的社会归属标志，标示着个体的社会角色，如所属支系、性别、年龄和婚姻状况等，可供社会识别，进行身份、关系判定。滇南元阳壮族上僚支系妇女婚前以绣花青布包头，婚后则改用镶有银泡的黑头帕缠头。广西壮族妇女婚前用白印花毛巾包头，衣领镶红、绿绒线装饰边，婚后在衣袖上也加红、绿镶边，进入老年则穿全黑衣饰。龙胜壮族妇女小时候戴外婆所赠银饰小帽，成年后摘帽以白布扎头，老年又改用黑布扎头。不同支系的壮族妇女随着自身所扮演角色的变化而改变衣着服饰的色彩，显示出色彩语言严格的社会约定性，同时也可以看出她们对服饰色彩语言有着潜意识的认可态度。

六、壮族服饰元素在现代服饰设计中的应用

1. 现代环保意识下的壮族服装

生活在 21 世纪的今天，人们强烈地认识到了人与自然的生态矛盾。身边环境变得恶劣使得人们认识到了低碳环保生活的重要。对与人密切相关的服装同样提高了认识。那么，什么是环保服装？从原材料方面可以理解为，经过毒理学测试并具有相应标识的衣服。传统壮族服饰的衣料大多是自己种植的棉、麻，经过纺纱、织布、染布制成。纯天然纤维具有舒适、无刺激的特性。从服装款式裁剪上来说，壮族服装款式简单、废料少、分割少、缝线少，避免面料耗损。采用天然材料作为辅料，如牛角扣、木扣、布质盘扣、椰壳扣等。染色料的选择上则应用的是天然的蓝靛，没有化学残留。这些是传统服饰的优点，但其缺点也十分明显，比如按传统方法制作的服装产量低、用时间长等。

2. 对民族服饰元素的应用借鉴

对服饰元素的借鉴不是简单地照搬和堆积，而是打破它固定的形式，对其元素的内涵和艺术风格进行提炼，吸收并展现民族服饰的神韵，才能设计出既有时尚风格又拥有文化底蕴的现代时装。在借鉴服饰元素时我们可以采用一些方法来达到我们的目的。首先，可以从外形结构入手，借鉴整体的轮廓或局部外形。其次，可以运用直接或间接的方法借鉴民族服饰中的色彩与图案，还可以在现代的服装设计中运用一些传统服装装饰的工艺手法。这样，传统服饰元素在现代服装设计领域才能得到更好的体现。

七、结　语

壮族作为一个有着悠久历史的少数民族，其服饰的绚丽多彩不是寥寥数语就能够说得清的。本文所探究的不过是其宏伟博大的文化中的极小的一部分，旨在归纳分析壮族服饰元素的特色以便于指导设计创作。

参考文献

[1] 苏日娜．少数民族服饰[M]．北京：中国社会出版社，2006.

[2] 张原．云南少数民族图库——壮族[M]．昆明：云南美术出版社，2004.

[3] 吕胜中．广西民族风俗艺术[M]．南宁：广西美术出版社，2001.

市场经济条件下我国文化遗产保护与开发的利弊权衡

于　杰

【摘　要】当前在我国市场经济繁荣发展的背景下，我国文化遗产保护也处于一个非常关键的时期，这一时期最典型的特点是前所未有的重视和前所未有的破坏。在对文化遗产进行保护的进程中，采用了加快立法进度、加大资金投入、不断创新遗产保护等方式，取得了一定的成效。但是我们不能否认在对文化遗产进行开发的过程中同样存在着一些弊端，导致了对文化遗产的破坏。对如何权衡文化遗产保护与开发利用的利与弊这一问题，我们必须保持清醒的认识，只有将保护与抢救放在第一位，在开发与利用中注重文化遗产发展的可持续性，才能既保护好文化遗产，又合理地开发和利用文化遗产。

【关键词】文化遗产　保护与开发　利弊权衡

一、问题的提出

世界范围内对遗产保护的重视发端于联合国教科文组织于1972年在巴黎通过了《保护世界文化和自然遗产公约》。公约明确指出它所保护的对象是自然遗产与文化遗产。这里所说的“文化遗产”，实际上指的是物质类的文化遗产，包括文物、建筑群以及遗址。2003年10月17日，联合国教科文组织第32届大会又通过了《保护非物质文化遗产公约》。公约通过后，世界各国都纷纷启动保护本国的文化遗产、自然遗产以及非物质文化遗产的相关举措，并积极申报世界遗产。

作为文化大国，法国是最早提出、制定文化遗产保护法律和设立“文化遗产日”的国度。世界上第一部遗产保护法——《保护历史古迹法》于1913年在法国颁布。“文化遗产日”活动大大提高了民众对文化遗产保护的意识。此外，法国政府通过制定强有力的全国性政策推进文化遗产的保护工作。日本也是世界上较早通过法律手段保护文化遗产的国家。1950年，日本政府颁布《文化财保护法》(文化财即文化资财、文化财产)，标志着日本战后文物保护制度的全面建立。韩国受日本影响，于1962年出台了《文化财保护法》，通过法律的手段保护本国的文化遗产。同时，韩国还十分注重通过全民参与的方式来保护文化遗产，让遗产保护的观念深入人心。意大利坚持整体性保护原则，设立历史中心区来保护文物古迹，区内所有建筑物的外部结构管理权属于国家，法律规定必须保持古城的原有格局和风貌，不准任何人以任何名义进行任何形式的破坏。埃及是拥有 6000 多年历史的文明古国，完善和扩大博物馆建设是埃及近年来加强保护文化与文物遗产的重要措施。埃及陆续在全国实施 20 项国家与地区博物馆的新建、扩建、改造工程。

与国外相比，我国的文化遗产申报与保护工作起步较晚。回顾中国历史文化遗产保护走过的道路，大致可以概括为三个发展阶段。第一阶段为 1950 年至 1981 年。这一阶段对文化遗产保护采取完全由国家财政负责的体制和政策。保护资金投入不够，保护意识欠缺，对文化遗产的保护局限在文物古迹个体保护的范畴。第二阶段为 1982 年至 2000 年。1982 年，具有里程碑意义的《中华人民共和国文物保护法》颁布，标志着中国以文物保护为中心的文化遗产保护制度形成。保护内容从单个的文物古迹扩大到了成片的历史地段和更大范围的古城。第三阶段为 21 世纪以来至今，以 2002 年党的十六大为标志。在第三阶段两次修订《中华人民共和国文物保护法》，2006 年设立“文化遗产日”，促成一批文物和非物质文化遗产列入了《世界遗产目录》和《人类口头和非物质遗产代表作目录》。2007 年在党的十七大上，把加强文化遗产保护作为推动社会主义文化大发展大繁荣，实现全面建设小康社会的一项重要使命，开创了中国历史文化遗产保护的新局面。2011 年在党的十七届六中全会上，在深化文化体制改革推动社会主义文化大发展大繁荣的主题之下，进一步发展我国的文化产业与文化事业，加大对文化遗产的保护与开发是文化大发展大繁荣的要求。

在全世界都意识到遗产保护重要性的同时，人们为了保护文化遗产，通过发展文化旅游、博物馆旅游、文化遗产日等方式来加大对本国遗产的保护与利用。这些对文化遗产的利用方式不仅使得文化遗产的认知度与知名度有所提高，同样也会创造客观的经济效益。然而这样的保护与利用方式有可能会对文化遗产本身造成破坏。因此，如何权衡文化遗产保护与开发之间的利弊？保护与开发，孰利孰弊？我们应该用怎样的方式对文化遗产加以保护？这些都是值得我们去深思的问题。

二、我国文化遗产保护与开发取得的成效

我国自 1985 年加入《保护世界文化和自然遗产公约》以来，有很多文物古迹和自然景观被列入《世界遗产名录》。截至 2011 年 6 月杭州西湖申遗成功后，我国目前有 41 处世界遗产。仅次于意大利（45 处）和西班牙（43 处），居世界第三位。其中文化遗产 29 项，自然遗产 8 项，文化和自然双重遗产 4 项。同时，昆曲、古琴艺术以及新疆木卡姆艺术等也进入《人类口头和非物质遗产代表作目录》。梳理近些年来我国对文化遗产的保护与开发工作，其成果是显著的。

（一）政府角度

对一国文化遗产的保护，政府理应占据主导地位。自我国加入《保护世界文化和自然遗产公约》以来，我国政府对文化遗产的保护工作一直非常重视。

1. 关于文化遗产保护的法律法规不断完善

为了加大对文化遗产保护的法制力度，2002 年后我国先后两次修订《中华人民共和国文物保护法》，对文物保护法的修订充分证实了政府对文物保护的重视。除了对文物的保护之外，我国也不断发展和完善对文化遗产以及非物质文化遗产的保护的法律法规。2006 年文化部颁布《世界文化遗产保护管理办法》、国家文物局颁布《中国世界文化遗产监测巡视管理办法》以及《中国世界文化遗产专家咨询管理办法》。2011 年《中华人民共和国非物质文化遗产法》出台。这些法律法规的出台充分显示了我国文化遗产保护的法律法规不断得到完善。

2.“文化遗产日”的推行，营造保护文化遗产的良好氛围

从 2006 年开始，我国每年认真举办“文化遗产日”系列活动，每年通过不同的主题活动提高人民群众对文化遗产保护重要性的认识，增强全社会的文化遗产保护意识。同时，其他文化遗产保护机构通过举办展会、论坛、讲座等活动，使公众更多地了解文化遗产的丰富内涵，提高了人民群众的保护意识，在全社会形成一种共同的遗产保护的价值认同。

3. 资金的投入力度不断加大

为了进一步加强对文化遗产的保护，在资金投入方面，政府也加大了力度。首先，加大公共财政对文化遗产保护的支持。建立多元化的资金投入体制，充分发挥非政府组织、民间团体、企业以及个人等各种社会力量，最大限度吸纳各类资金。同时，积极开展国际范围内的文化遗产保护合作，积极申报世界文化遗产，利用国际组织资金援助保护我国的文化遗产。

4. 对文化遗产保护与开发的方法不断丰富

除了从宏观政策、社会舆论以及资金支持等宏观角度对文化遗产进行保护外，我国近些年来也不断创新对文化遗产保护的具体措施，从而使在宏观环境的指引下，具体的保护与开发工作能够落到实地。在这些具体措施中，运用比较广泛比较多的主要是结合我国当前的市场经济背景，通过产业化经营模式的探索来保护和开发文化遗产。这些方式主要包括在文化遗产地开展文化旅游，通过旅游效应带动经济的发展，再利用旅游业发展获得的经济收入作为文化遗产保护的专项资金来对文化遗

产进行保护。丽江古城在这方面就做得比较好，形成了著名的“丽江模式”，即“以世界遗产保护带动旅游业，以旅游发展反哺遗产保护”。这种模式有利于对极具原真性的传统民居的保护与修复，为历史城镇面对旅游和都市现代化迅猛发展的威胁提供了一个有效保护方法。

除了进行文化旅游开发之外，对文化遗产的保护与开发的产业化模式还包括以开展节庆活动打造文化品牌，建立文化生态博物馆，建立文化遗产主题公园等方式对文化遗产进行保护与开发。这些产业化的保护与开发方式表明：要使文化素材的整合与运用转化为有形的、具体的消费体验方式，与市场和受众接轨，才能让更多的人了解文化遗产，关注文化遗产，保护文化遗产。

（二）民众角度

1. 民间组织积极发起各类文化遗产保护的宣传活动

各类保护文化遗产的民间组织可以通过各种活动，集中智慧，促进中国民族文化遗产的抢救、保护和开发利用。如 2009 年 1 月在北京市宣武区文化馆举行的中国民间历史文化遗产保护专题成果大型研讨会暨公民参与文化遗产保护与模式示范项目成果展，就把我国各地民间社群组织和人士在参与保护方面实行的宝贵经验集中起来，向社会各界推广公众参与文化遗产保护多样性的重要意义和可行的方式方法。这种方式有利于增强地方民众对身边文化遗存的保护意识，同时唤起国内更多地区民间文化遗产保护爱好者、专业工作者的自发参与和响应。

2. 民众自发参与文化遗产保护的意识不断增强

政府出台一系列的文化遗产保护举措，促使民众的文化遗产保护意识大大增强。如在汶川地震以后，羌族同胞参与到了碉楼和村寨的抢救和修缮工作中。2004 年，贵州黎平县侗族乡村的全国重点文物保护单位“风雨桥”在洪水中被摧毁，当地 500 多名侗族群众自发地与洪水进行抗争，舍身跃入洪水中打捞，最终从洪水中抢救回桥的大部分构件，使“风雨桥”最终得以修复。这些真实的事例充分说明保护文化遗产不仅是各级政府、文物工作者的职责，而且是广大民众共同的事业。民众自觉、倾心地保护文化遗产，文化遗产才有强盛的生命力。

三、我国物质文化遗产开发过程中存在的问题

虽然我国对文化遗产的保护工作取得了一定的成效，但是我们也不能否认在这样的保护与开发过程中同样也存在着一些问题，导致了对文化遗产的破坏。当前我国文化遗产保护处于一个非常关键的时期，这一时期最典型的特点是前所未有的重

视和前所未有的破坏。对于前所未有的重视，前面已经谈及。比如说加快立法进度、加大资金投入、不断创新遗产保护的方式等。对于前所未有的破坏，则主要是指自然因素导致的破坏以及人为因素导致的破坏。自然因素导致的破坏包括自然灾害以及自然力作用对文化遗产的破坏，比如地震、海啸、泥石流等自然灾害以及风蚀作用等自然力对文化遗产的破坏。人为因素导致的破坏主要是指近些年来对文化遗产的过度开发，导致了建设性破坏和保护性破坏。建设性破坏主要是指在我国发展经济，建设新农村以及新城区的过程中对文化遗产的破坏。保护性破坏主要是指一些文化遗产项目一旦被确定为保护对象后，人们过度开发它的经济价值而导致的对文化遗产的破坏（见图 1）。主要体现在：

（一）建设性破坏

1. 新农村建设中对文化遗产的破坏

在我国农村地区，文化遗产分布的数量较多。在新农村建设的过程中，人们盖新房建新村，模仿城镇化的方式建设新农村。在这样的经济建设过程中，一些古建筑和古遗址遭到拆迁以及破坏，造成了不可挽回的损失。此外，随着经济的发展以及交通的便利程度的提高，一些原本闭塞的偏远村落逐渐完善了与外界沟通的渠道，有利于带动当地经济的发展，但是我们也不得不承认问题的存在。村里的一些年轻人受到现代城市生活方式以及现代文化的影响，将传统的具有文化底蕴的生活方式以及建筑景观视为落后的文化加以摈弃，这难免会影响对一些文化遗产的传承。

2. 国家大型建设项目的影响

国家的大型经济建设项目的推行也是导致文化遗产被破坏的原因之一。如三峡工程的修建，就使得一些清末民初的民居建筑、早期古脊椎动物与人类化石遗址、明清墓葬以及一些题刻、碑文遗产被淹没。

（二）保护性破坏

1. 旅游业的过度开发

近些年来每个省都充分挖掘本省的文化遗产，积极申报世界遗产项目。一些遗产地申遗成功后知名度有所提高，吸引了很多游客前来旅游。旅游业的发展为当地创造了经济收益以及社会效益，一些地方领导从旅游业的发展中尝到了甜头，于是更加大力推动对文化遗产地的旅游开发，把文化遗产视为“摇钱树”。除此之外，旅游业的过度开发对文化遗产的破坏也是显而易见的。如：旅游人数大量增加，完全没有考虑到遗产地的环境容量以及景区的游客承载量，从而造成了文化遗产地环境的污染与破坏，过度商业化现象，以及游客对文化遗产本身的破坏。更有甚者，有些地区没有认真做好旅游开发规划，随心所欲，在遗产地进行无序建设，从而对文化遗产地的景观生态以及审美价值带来了严重影响。

2. 高科技手段对文化遗产的破坏

近些年来，石窟遗产、壁画遗产以及古文物越来越受到游客的青睐。为了使游客获得更好的审美体验，景区往往会利用现代光照技术或其他高科技手段对景区进行“装饰”，这些高科技手段的运用也难免对遗产以及文物造成伤害。例如，敦煌莫高窟由于景区光线的影响造成壁画变色剥落。洛阳龙门石窟新开设夜间游模式，这些夜晚彩色灯光的辐射作用对石窟的破坏也是不容小觑的。由此可见，一些高科技手段在景区的运用同样会对遗产的保护造成威胁。

3. 管理体制不完善

我国在加入《文化遗产公约》以前，我国对风景区、名胜古迹、森林公园以及文物等的管理一直实行分部门的管理体制，政出多门的问题一直存在。直到现在很多的文化遗产地既是国家文物保护单位、A 级旅游景区又是名胜古迹保护区等，各种各样的头衔使得在保护与管理的时候出现混乱、权责不清、互相推诿的现象。因此，在管理体制方面，我国可以借鉴国外成熟的管理体制，全国设立唯一的专门管理机构，避免政出多门的现象。

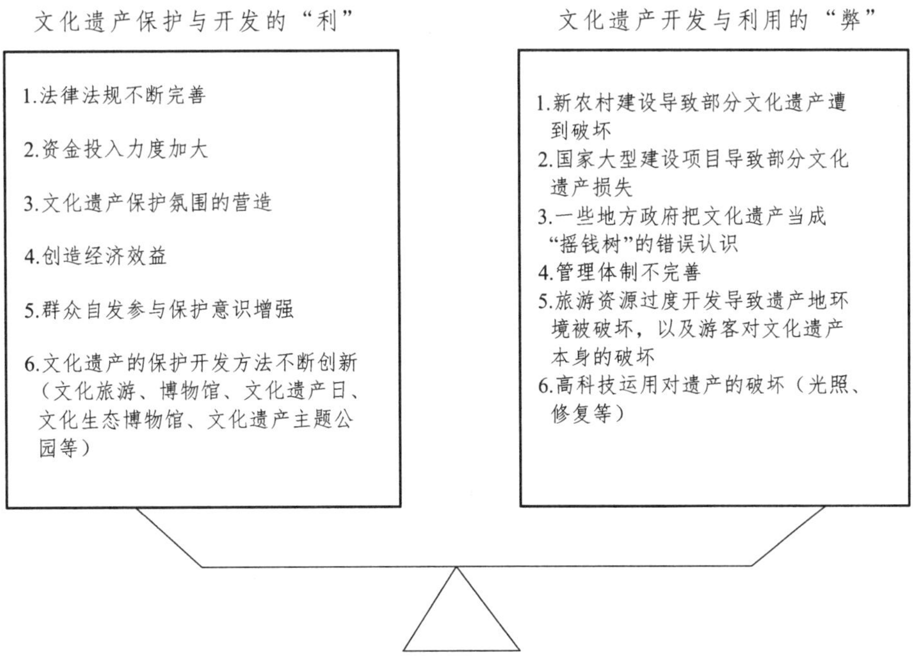

图 1 文化遗产保护与开发的利弊权衡

四、结论与讨论

由上述内容可知，我国在对文化遗产保护与开发的过程中既取得了一定的成效，又发现了问题。这种情况的出现与我国处在市场经济迅速发展的大背景下是密切相关的。市场经济的发展以市场为主导追求经济利益，政府起到的只是宏观调控的作用，因此，导致众多的遗产地因过度片面追求经济效益而使文化遗产受到威胁。现阶段，我们必须重视对文化遗产保护与开发利用的利弊权衡，吸取经验与教训，认真总结分析。这样的保护与开发模式，到底是保护了我们的文化遗产还是威胁了我们的文化遗产？对此问题我们必须保持清醒的认识。由于文化遗产具有脆弱性和不可再生性，这就决定了我们必须要把抢救和保护放在第一位，说明了保护比开发利用更加重要。此外，在保护的前提下对文化遗产的开发与利用一定要秉承可持续发展的原则，注重文化遗产地的生态服务价值链。只有这样，我们才能在保护与开发中获得双赢，既能保护好文化遗产，又能合理地开发和利用文化遗产。

参考文献

[1] 曹昌智. 中国历史文化遗产的保护历程[J]. 中国名城，2009（6）.

[2] 林幼斌，翟勇. 从“丽江模式”看世界遗产的保护与利用[J]. 云南财贸学院学报，2004，18（2）.

[3] 任忠英. 威胁忧虑对策——关于文化遗产保护问题的思考[J]. 渭南师范学院学报，2012，27（1）.

[4] 陈耀华，赵星烁. 中国世界遗产保护与利用研究[J]. 北京大学学报：自然科学版，2003，39（4）.

浅谈导游薪酬制度

唐彰元

【摘　要】导游的薪酬制度一直是饱受争议的问题。近年来，导游宰客、甩团的事件时有发生，且有愈演愈烈之势，严重影响导游的形象。本文通过对现有导游薪酬制度进行分析，提出了行之有效的解决方案以供大家参考借鉴。

【关键词】导游　薪酬　回扣　小费

引　言

针对当前旅游市场中存在的种种问题，许多专家和学者都提议以改革导游的薪酬制度为切入点，来促进形成和保持合理的旅游市场秩序。从 2001 年 11 月《焦点访谈》节目对海南省某些导游收取高额回扣的事件进行详细报道开始，导游人员私收回扣问题俨然成了业内外关注的焦点；2004 年广东省中国旅行社将西方的小费制度引入到导游的薪酬制度，引发了社会各界的广泛关注和争议；2007 年《桂林日报》揭露导游收取回扣，将桂林市各景点的收费底价披露，引发了桂林数千名导游大罢工。这些事件说明导游薪酬制度是一个极其敏感的话题，也是一个亟待改善的问题。本文从目前常见的导游收入结构入手进行探讨。

一、目前的导游收入构成

1. 导游人员按职业隶属关系分类

根据 2002 年 1 月 1 日起实施的《导游人员管理实施办法》规定，导游人员取得导游资格证后“必须在一家旅行社或者导游管理服务机构注册，持劳动合同或者导游服务机构的证明材料，方可向所在地旅游行政管理部门申请办理导游证”。由此可见，导游人员在职业关系上必须隶属于一家旅行社或者导游服务公司。从这个隶属关系入手，本文将导游分为四类：

第Ⅰ类，导游隶属旅行社，是正式员工，既从事旅行社经营活动又带团；

第Ⅱ类，导游隶属旅行社，是正式员工，只负责带团；

第Ⅲ类，导游仅在旅行社登记挂靠，不是正式员工；

第Ⅳ类，导游隶属于导游服务公司，由导游服务公司联系工作和进行日常管理。

2. 目前导游的收入结构

第Ⅰ类导游收入=工资+出团补助+回扣+少量小费+其他

第Ⅱ类导游收入在结构上跟第Ⅰ类基本一致，只是他们的工资比第Ⅰ类低，甚至根本没有。

第Ⅲ类导游收入=出团补助+回扣+少量小费+其他

第Ⅳ类导游收入=导游服务费+回扣+少量小费+其他-中介费。

3. 对目前导游收入结构的分析

从导游收入构成来看，第Ⅰ类和第Ⅱ类虽有基本工资，但收入远远低于其期望值；以玉林市的导游基本工资为例，第Ⅰ类在 600 元左右，第Ⅱ类在 400 元左右，笔者也接触了不少第Ⅲ类导游，有导游哭诉云南七天游全陪旅行社仅支付出团补助 90 元，且旅行社为了节约成本聘用大量的第Ⅲ类导游，暂且不讨论第Ⅲ类导游的服务水准怎么样，光是出团费之低就能想象其加点、拿回扣的欲望有多强。

从其收入构成可以看出目前的薪酬制度中基本工资和出团补助不足以支撑起导游的收入，其主要来源是回扣，而回扣没有相关政策和行业规范的支持。这就凸显出一个矛盾：一方面是按照目前的导游收入构成，不靠回扣所得 的收入完全低于其所付出劳动应得的报酬；另一方面是回扣一直都在打压范围内，属违规行为。以目前的收入构成来看，导游的收入是得不到保障的，这也是之所以时常出现导游疯狂加点、不购物就甩团事件的症结，当然这其中也有有关政府部门和协会的监管不力的因素，但导游薪酬制度不合理是一个直接的、根本的因素。“现在已有许多人意识到影响导游服务水平的主要原因在于以回扣为主的导游收入体制”。

二、现行不合理的导游薪酬结构形成的原因

1. 旅行社之间竞争不合理

因旅行社市场准入的门槛较低，从 20 世纪 80 年代后期到现在，每年旅行社数量大约以 10% 的速度迅速增长，加上旅游市场运行和监管机制不健全等多种原因致使旅行社竞争加剧，利润下降。旅行社为争夺有限的客源展开了以降价为主要手段的恶性竞争。导游本应作为旅行社的代表给顾客提供优质的服务，靠出色完成带团任务而获得丰厚报酬，然而一些旅行社在经营实践中，为保证企业利润，取消了导游的基本工资甚至带团津贴，同时纵容、怂恿导游增加游客购物次数或金额作为获取利润的渠道之一。导游也只有费尽心机增加旅游者的购物支出，以赚取回扣作为自己的劳动报酬和旅行社的利润。

2. 旅行社对导游人员的监管不力

导游人员的工作时间、工作地点不确定，旅行社对其服务质量的监管难度较大，加上导游的服务质量和其劳动报酬并没有很好地结合起来，这就为导游人员利用带团的便利收受回扣提供了条件。

3. 旅游商品市场缺乏规范管理

旅游购物是大部分旅游者在旅游过程中不可或缺的环节，但是大部分旅游者对当地特产等旅游商品的价格和质量不了解。供应商或销售商应该为游客提供特色鲜明、价格公道的旅游商品，导游人员也应向游客推介有较好商业信誉的旅游商店。然而在现实中，一些旅游商品的供应商或销售商通过给导游人员高额的回扣吸引客源，来增加产品的销售量。其中一部分旅游企业或旅游商店出售假冒伪劣产品，以次充好，哄抬物价，转嫁其给导游或司机的回扣造成的损失。旅游商店在游客购物的过程中获得了经济利益，就会采取多种不当的激励措施吸引导游人员，以增加购物的人数和次数。

4. 游客的旅游心理相对不成熟

随着闲暇时间和经济收入的增加，人们出游的次数越来越多，但旅游者心理不够成熟，主要表现在以下几个方面：第一，对旅行社的线路设计及其成本缺乏基本的了解，游客在选择相同或者相近线路时只注重价格，往往被旅行社打出的低报价所迷惑，就难免会出现游客合法权益受到损害的现象；第二，对导游的工作性质缺乏了解。导游直接对游客服务，承担复杂、繁重的脑力劳动和体力劳动，一些游客认为导游是靠“侍奉客人”而赚取收益，因此，在旅游过程中稍不满意，就很容易将其失望情绪转换为对导游的抵触情绪。导游工作辛苦，却得不到游客的认同和尊重，就会加重其无视游客利益谋取私利的行为。

三、笔者建议采用的导游薪酬制度

1. 建立优秀导游人员固定薪酬制度

曾经见到很多的文章建议旅行社给导游固定的薪金，以减少导游对回扣和小费的追求。事实证明这种做法在实际的操作中很难实现，尤其是在导游基数较大的城市或地区，固定薪酬无疑增加了企业的经营成本。笔者并不建议旅行社给公司内所有导游固定薪酬，但旅行社应当给付经常为其带团且业绩优秀的导游固定薪金和相当于社内专职导游的福利待遇，这也是旅行社留住优秀导游的方法。

2. 改革现行导购佣金机制，实行“公对公”的佣金制度

为了防止导游私拿回扣，我国各个地区相继推出了“公对公”的佣金制度。通过旅游行政管理部门、税务部门、物价部门等部门之间的合作来监督商品的价格、质量等方面的问题；通过供应商各类组织与旅行社签订“公对公”佣金收受协议，确定佣金收受方式、收受比例等问题。实行“公对公”的佣金制度让之前的导游回扣转变成为企业与企业间合作的佣金，合法化、公开化。

南开大学国际商学院旅游学系本科生科研创新小组发表的一篇论文中提道：“佣金是旅行社全体员工的努力，应计入旅行社的营业收入，非导游个人创造不应付给导游。”其实不然，笔者认为应拿出佣金的一定比例作为导游的酬劳，且这应是导游收入中较重要的一部分，这样导游在引导游客购物时才会尽自己最大的努力。如果游客买与不买、买多与买少导游的收入都一样，导游便不会去积极引导，游客购物的激情和数量肯定会受到影响。

“公对公”的佣金制度很好地解决了导游私拿回扣擅自加点的问题，但在执行过程中需要注意两点：一是监督的力度要大，尤其是对供应商或销售商的监督；二是若发现导游有虚报购物数量，私拿回扣的情况要从严处罚，处罚款项一定要超过私拿回扣所得的收入，并跟其绩效考核联系起来。

3. 实施小费制度

小费制度在西方国家很流行，现在也有不少人士呼吁在我国推广小费制度，其必要性是显而易见的。游客对导游的服务表示满意自愿支付一定数额的小费，这是对导游服务的肯定，而导游若想要获得小费就必须做好服务。这样既有助于导游与游客之间形成良性互动，又增加了导游人员的正式收入。小费制度应大力提倡，逐步也会成为导游收入的重要部分。

过去我国视服务业小费为“不正当收入”，对小费作出了严格限制，这样的规定已经不能适应社会发展的要求，早在 1987 年国家旅游局就下文声明要重新考虑小费的正当性问题。各地完全可以根据本地的平均收入水平、客源状况和接团要求，制定具体的小费给付标准，定出每位游客应付的小费下限，再由客人视导游的服务质量浮动。这样，将导游的小费收入与其工作量和服务质量紧密地联系在一起，促使导游努力地提高自己的服务水平，以获得较高的物质回报。从“购物团”走向“纯玩团”，从“团费+回扣”模式变成“团费+小费”模式。

4. 辩证对待“高薪养廉”，完善导游激励机制

所谓“高薪养廉”，即由旅行社支付高额工资，坚决杜绝导游私拿回扣等损害旅行社形象的行为，一旦发现导游有违规收入便处以重罚，增强导游人员的归属感。

但是，“高薪养廉”需要视各地的经济情况而定，或许在个别地方或者个别地区可以实施，但在全国范围内实施其可行性有待考虑。

旅行社、导游服务公司要逐步将导游薪酬与导游等级、服务质量、公司经营业绩挂钩，激发导游的工作热情，提高工作效率和质量。导游等级跟所获得的报酬挂钩，激发低层次导游向较高层次发展。旅行社、导游服务公司通过建立既能使尽职的导游获得应得的回报，又能使导游必须为其质量问题支付成本的激励机制，最大限度地调动导游的工作积极性，严格自律，引导导游坚守职业道德，树立职业荣誉感。

参考文献

[1] 黄华，王洁. 导游薪金制度中存在的问题和改革的思路[J]. 旅游调研，2002(10).

[2] 南开大学国际商学院旅游学系本科生科研创新小组. 对建立合理的导游人员职业机制问题的探讨[J]. 旅游学刊，2003（6）.

[3] 李平. 新时期导游管理体制改革相关问题研究[J]. 改革与战略，2004（9）.

[4] 郭鲁芳，金慧君. 旅行社及其核心利益相关者均衡发展机制探究——基于和谐社会的视角[J]. 旅游科学，2006（12）.

[5] 李军. 心理契约与导游小费制度[J]. 旅游学刊，2007（9）.

男衬衫袖口结构的研究

曾 霞 金 枝

【摘 要】本文通过对男衬衫袖衩的传统结构制图正面分析和对产品工艺分解的逆向分析，取之精华，去其糟粕，从而得出新型的衬衫袖衩结构，使得袖衩结构与宝剑头工艺更加协调。服装结构理论和服装制作工艺的高度结合是服装结构设计发展的规律。

【关键词】袖衩 袖口 袖克夫 宝剑头

一、前 言

衬衫的种类有很多，但是款式大体上恒定不变，本课题着重讲述的是较典型男衬衫的肘下部位（见图 1）。

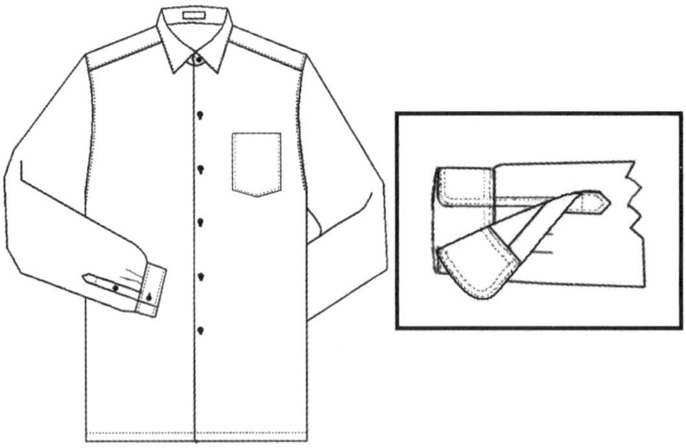

图 1 文化式男衬衫

这类衬衫俗称“文化式男衬衫”，是男装长期发展以来经久不衰的经典之作，符合男士的审美习惯，故而深得许多男性的喜欢，是男士必备的衣着之一。

文化式男衬衫袖头部位的模式固定，造型上具有一定的稳定性，其中袖褶、宝剑头、袖克夫是男士袖头的三项带功能性的象征性装饰设计。

下面分析传统的袖衩结构制图方法：

二、传统制图结构——正向思维（见图 2）

规格尺寸（单位：cm）：袖克夫长为 x　　袖衩衩长为 b　　褶大为 r

大袖花成品宽为 c/2　　小袖花成品宽为 d/2

1. 袖片样板和袖克夫样板的数据分析

根据规格尺寸“袖克夫长为 x，袖衩衩长为 b，褶大为 r”，审视款式图（见图 1），衬衫的袖褶数为 2，可得到以下的数据等式：

袖克夫长（净样板）=x　　袖衩样板衩长=b　　褶大=r

总褶量=褶大×褶的数量=2r

袖口大（净样板）y=袖克夫净样板宽+总褶量=x+2r

由以上数据分析可得到的袖片样板和袖克夫样板，如图 2 所示：

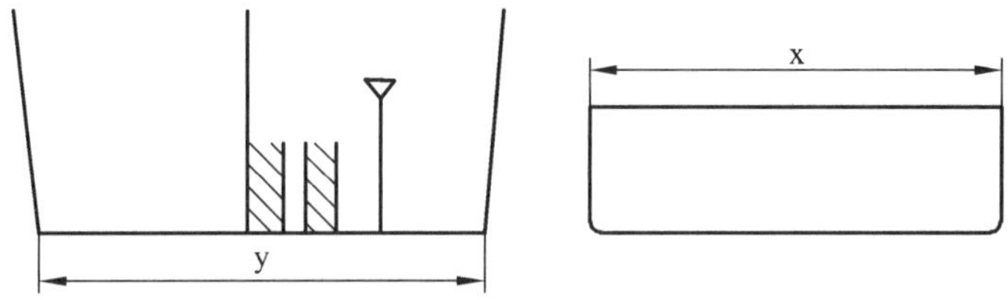

图 2　传统结构得到的袖片、袖克夫样板

2. 袖衩样板的数据分析

大、小袖花是面料折叠后将开叉三角的一边镶嵌，因此根据规格尺寸“大袖花成品宽为 c/2，小袖花成品宽为 d/2”，可以得到以下数据：

大袖花样板宽=c　　袖花样板宽=d

再根据规格尺寸“袖衩衩长为 b”可得：

小袖花样板长=袖衩衩长= b

大袖花样板长=b+*e*　（其中 *e* 为变量）

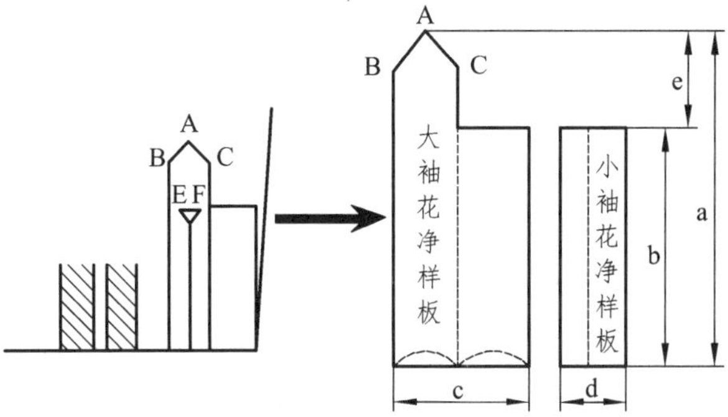

图 3　袖衩样板

根据款式可知，从正面看，可视部位只有大袖花，大袖花对着后镶着袖片开叉处的一边，只有将大袖花翻开才可以见到小袖花的部位，因此变量 e 的取值必须满足这一要求（见图 3）。

3. 传统方法中宝剑头样板的数据分析

宝剑头结构分为四部分，袖片上宝剑头的位置、衩长、大袖花净纸样、小袖花净纸样四部分紧密相连，不可分割。

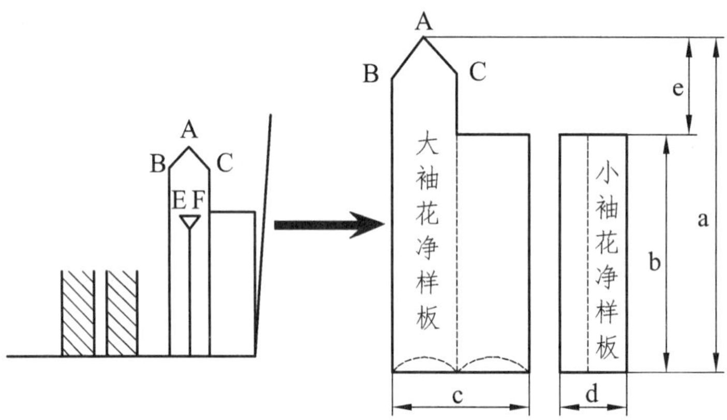

图 4　袖衩结构及袖花放大图

大小袖花净纸样的依据是衩长和款式。衩长一定程度上决定了大小袖花的长度，款式决定了大小袖花的宽度。

衩长决定了小袖花的基本长度（见图 4 示）：

小袖花净样板长度 b=袖衩衩长=f

大袖花净样板长度 a=b+e=f+e（e 为变量，文化式衬衫多取 3.5 cm 左右）

袖花净样板 c、d 的值，在没有特别注明尺寸的情况下属于比较主观性的结构，是结构设计者对款式理解所得的结果（c/2 多为 2.5cm 左右，d 多为 1.5 cm 左右），无论取何数值，必须遵循一个原则——BC 两点间距离大于 EF 两点间距离，也就是说，大袖花的成品宽度必须足以盖住开衩的三角宽度。

下面再从袖子肘下部分成品分解来研讨袖片样板、袖克夫样板和袖花样板间的关系：

三、宝剑头款式分析——逆向思维

带宝剑头的袖口不仅具有可扣紧、可松开的适应性，而且装饰性效果非常强。宝剑头开叉属于搭叠式开口。袖克夫由双层面料缝合而成，袖片镶嵌其间，是一侧搭压于里襟的形式。（见图 5）。

规格尺寸同上（单位：cm）：袖克夫长为 x　　袖衩衩长为 b　　褶大为 r

大袖花成品宽为 c/2　　小袖花成品宽为 d/2

1. 宝剑头成品的分解

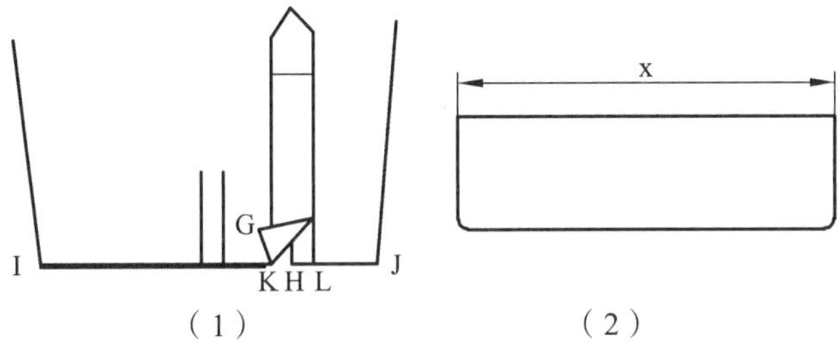

图 5　宝剑头结构图和工艺成品图

现在我们从逆向思维对袖衩结构进行分析，首先将袖克夫与袖片分段。由以上的款式分析结果可知，将袖下线缝合后，如图 5（1）所示，袖克夫从大袖片的大袖花的点 G 经点 K、点 I（缝合后点 I 与点 J 重合）、点 L 到小袖花点 H 把袖片镶嵌于袖克夫的两层面料之间。因此，得出结论（1）: x=GK+KI+JL+HL=(KI+JL)+(GK+HL)（其中 x 为克夫长）

由图 5（1）所示，GK 为大袖花成品的宽度 c/2，HL 小袖花成品的宽度 d/2，得出结论（2）:（GK+HL）=c/2+d/2

综合以上的结论（1）和结论（2）可推出 x=（KI+JL）+（c/2+d/2），从而得出结论（3）:（KI+JL）=x-（c/2+d/2）

2.大小袖花与褶的分解

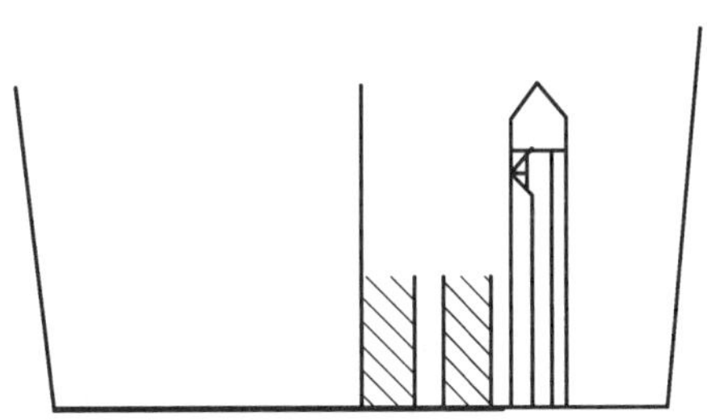

图 6

根据款式结合图 6 可知，从正面看，可视部位只有大袖花，大袖花对着后镶着袖片开叉处的一边，只有将大袖花翻开才可以见到小袖花的部位，如图 5（1）所示，我们可以得出结论（4）：大袖花宽度 c/2 必须大于小袖花的宽度 d/2，即 c/2>d/2；大袖花宽度 c/2 必须大于 a_1，即 c/2>a_1（a_1 为图 4 中 EF 直线距离，即开叉三角的宽度）。

利用透视就可以看见大袖花以下的部分，小袖花是对折后镶着袖片三角开叉的另一边，如图 6 所示，可以得出结论（5）：小袖花的宽度 d/2 必须小于或等于开衩三角的宽度 a_1，即 d/2≤a_1。

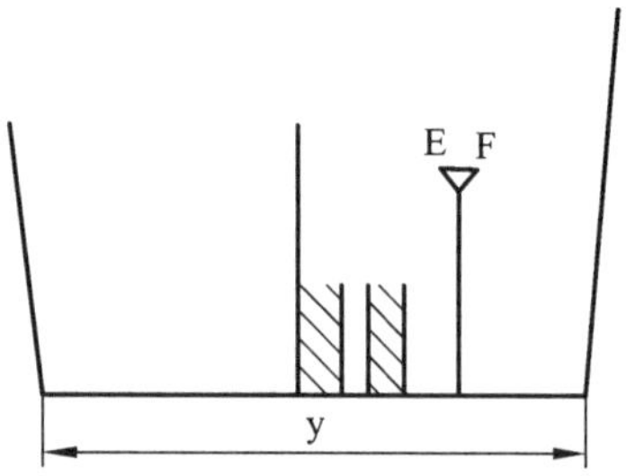

图 7

将褶展开，再将大小袖花去掉，得到图 7，再结合图 5（1）所示，假设袖口宽度为 y，可得结论（6）：y=（IK+2r）+JL+EF=（KI+JL）+2r+EF。

综合结论（6）与前面的结论（3）：（KI+JL）=x-（c/2+d/2）可推出一下的等式：

y= x+2r-（c/2+d/2）+EF（EF 为开叉三角的宽度）

从而得出重要结论（7）：y=x+2r-（c/2+d/2）+a_1

根据结论（4）：c/2> d/2 与 c/2> a_1 可推得（c/2+d/2）>a_1，由于本课题研究的数据不存在数学学术上的负数问题，服装中实际产品的数据皆大于零，因此，（c/2+d/2）的值也不会等于 a_1，即得出结论（8）：（c/2+d/2）-a_1>0。

综上所述从而得出结论：y= x+2r-（c/2+d/2）+a_1

= x+2r-[（c/2+d/2）-a_1]

≠x+2r

结论：从袖子肘下部分成品分解逆向思维得到的结论否定了正向思维传统结构分析得出的结论，从而产生了新型的袖衩结构制图公式：y=x+2r-（c/2+d/2）+a_1，即袖口大（净样板）=袖克夫长+总褶量（大小袖花成品宽度之和）+开叉三角的宽度。

参考文献

[1] 王姝画. 服装缝制工艺基础[M]. 北京：中国轻工业出版社，2008：125-128.

[2] 吴俊. 男装与童装结构设计与应用[M]. 北京：中国纺织出版社，2001：125-136.

[3] 孙兆全. 成衣纸样与服装缝制工艺[M]. 北京：中国纺织出版社，2000：137-147.

[4] 潘波. 服装工业制板[M]. 北京：中国纺织出版社，2000：103-108.

[5] 上海市职业能力考试院. 服装工艺：初级[M]. 北京：东华大学出版社，2005：51-52.

腹凸特殊体型裤子结构修正

王　玥

【摘　要】本文根据腹凸特殊体型的特点，对裤片结构图的修正进行探讨，从而使裤子符合腹凸特殊体型的需要。

【关键词】腹凸特殊体型　裤片结构图　裤片修正

人体是由多个不同的曲面组成的复杂的立体结构。在这个复杂的立体结构中，任何的一个部位发生变化都会使所穿着的服装发生变化。这说明人体体型是所有服装制作的基础。正常体型的人在穿着裁剪不当的服装时会产生服装弊病，特殊体型的人试穿按照正常体型的比例公式裁剪的服装时，同样会出现种种褶皱与不平衡现象，因此，应适当改变某些部位的形状及尺寸，并对结构裁剪图进行必要的修正。

一、腹凸体型的特征

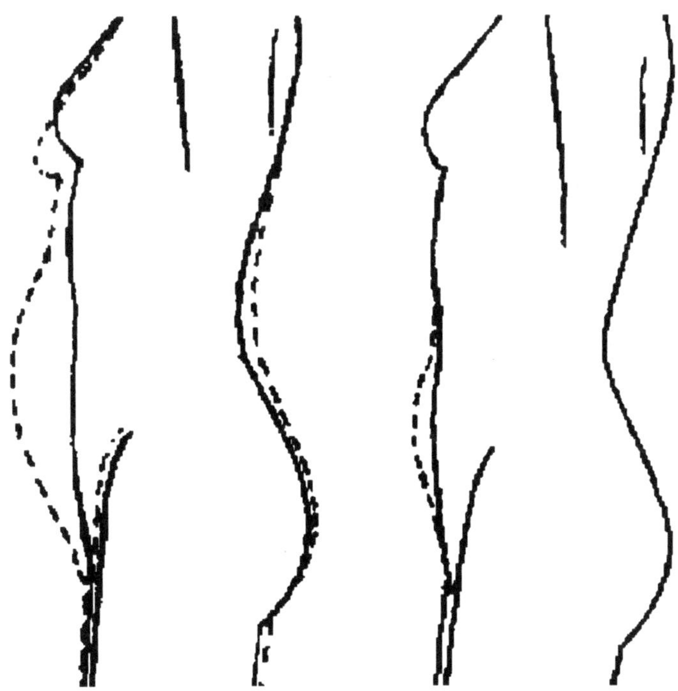

图 1

腹凸体型是由于先天遗传和后天发胖等原因而导致的腹部隆起变形。侧面观察会发现与正常的人体相比，其特征是腹部外挺而头部自然后仰，腹凸部位的曲线长度增加，膝部由于平衡的需要会略出现弯曲以保证身体平衡。按照正常的胸围和腰围之差相比，其互差尺寸在 8～12 cm，而当胸腰差小于这个差数或是呈现负数时，对于凸腹体的测量就要特别加以注意。测量时首先是测量腰围尺寸，再测量腹凸位置，然后还要看凸腹体的人系扎腰带的习惯位置，以便于为设计裤子提供准确的数据。

二、腹凸体型结构修正

腹凸体型腰腹部比较突出，穿着正常裁剪的裤子时会出现腹部紧绷，前门襟处出现斜向褶皱，两个褶裥裂开，测缝口袋袋口裂开并出现褶皱，腰部以下部位的裤片有横向的皱纹。前裆线过短，裤腰无法到达正常位置。

1. 需要修正的部位

为了满足人体前长后短、腰腹部围度过大的需要，使上裆部位平衡、舒适。因此修正的部位应尽量设置在前门襟处。

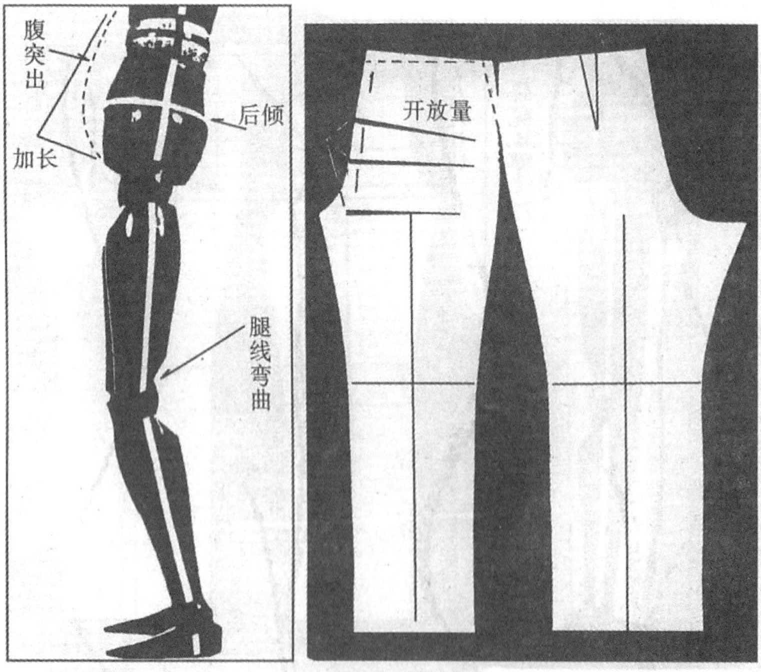

图 2

2. 修正的方法

依据着装者的服装成品尺寸，按照正常的结构制图方法绘制出服装的净纸样，然后以纸样为基础，结合腹凸特殊体型的特征在纸样的相关部位剪开放出或是折叠缩小，从而达到合体的目的。具体步骤如下：

（1）在测量人体的时候，除测量腰围、臀围、裤长外，须加测腹围尺寸和前、后裆缝的长度数据，作为裤片纸样修正的依据。

（2）在前裤片纸样的腰围线至臀围线之间进行三等分后应用纸样剪叠修正法，在三等分线处剪切并向外扩展，使其扩展抬高的量在 1 cm ~ 1.5 cm，以增加前裆缝的长度。重新绘制前门襟处的凸势线，前裤片的腰部侧缝线处向外放直，重新确定腰围轮廓线。

（3）如果腹围与腰围的差数大，可以在前裆缝处向外撇出 0.5 cm ~ 1 cm，剩下多余的量可以在省缝或是褶量中进行融合。当腹部凸起的程度过大时，就要考虑降低后裤片的后翘，已达到使腰围线平衡的目的。

三、其他腹凸体型结构修正

人体是复杂的，出现的特殊体型也是多种多样的。如：腹凸臀凸体、腹凸平臀体，以下着重介绍腹凸臀凸体。

腹凸臀凸体特征是前腹部后臀部均突出，在穿着正常样板的裤子时会感觉前后裆逢绷紧，裤腰不在腰围线上。

修正部位：在修正时要考虑到裤片的窿门宽度过窄和前后裆缝长度不够的问题。

修正方法：

（1）在测量人体体型的时候，加测腹围尺寸和前、后裆缝的长度数据，以及大腿根部的围度，作为裤片纸样修正的参考依据。

（2）在前裤片纸样门襟的臀围线处应用纸样剪叠修正法剪切并向外扩展，以增加前裆缝的长度。重新绘制前门襟处的凸势线，前裤片的腰部侧缝线处向外放直，重新确定腰围轮廓线。

（3）当腹围与臀围均突出时，为了满足臀部突出的需要，可在后裆中缝的臀围线处应用纸样剪叠修正法剪切并向外扩展，既增加后裆缝的长度，又增高前后翘势的高度使腰围线达到平衡。

（4）适当放宽后裤片侧缝处，扩大臀部的容量。

（5）参照大腿根部的围度尺寸，适当增加大、小裆的宽度以满足腹凸臀凸体的需要。

人体是复杂的，不同的情况往往会相互交织出现，当出现问题时我们应该深入分析并对症下药，这样才能够制作出合体、美观、舒适的服装。

参考文献

[1] 刘维和. 女装纸样设计原理与技巧[M]. 北京：中国纺织出版社，2000.
[2] 张文斌. 服装结构设计[M]. 北京：中国纺织出版社，2006.
[3] 张文斌. 服装结构设计与疵病补正技术[M]. 北京：中国纺织出版社，1995.

小议高职服装设计专业的实践教学改革

——以玉林师范学院职业技术学院为例

王　玥

【摘　要】以玉林师范学院职业技术学院服装设计专业为例，介绍高职服装设计专业的实践教学改革。通过强调课程教学实用性；校企合作，建立校外实习基地；实行双证书制度；注重教师素质的培养几个方面对高等职业教育服装专业的实践教学进行探讨，旨在提高职业教育服装专业的教学质量。

【关键词】高等职业教育　服装设计专业　实践教学

随着我国社会经济的快速发展，特别是我国加入 WTO 以后，社会对服装设计专业的高素质人才迫切需要，使高等职业教育成为高等教育的重要组成部分。高等职业教育承担着为国家建设培养技术应用型人才的重任，相对于理论教学，对学生职业技能的训练、创新能力和实践能力的培养在高等职业教育中占有主导地位。玉林师范学院的高职服装设计专业培养的学生主要面向的是省内及珠三角地区的大、中、小型服装企业，从事与服装相关的设计助理、服装生产管理、制版裁剪技术等工作。根据服装专业发展和人才培养的需要，实践教学逐步形成一个相对完整的教学体系。下面就服装专业的实践教学加以展开。

1. 强调课程教学实用性

服装设计是一门将艺术设计与工业生产相结合的应用型艺术，该专业课程教学工作既要符合普通高等学校服装教育的一般要求，又要突出实践教学环节。不仅要求学生具有扎实的基本理论知识，还要求其具有很强的实践动手能力。我校根据高职服装设计专业的特点，总结课程的教学经验，结合社会对服装专业高素质人才的需要，对专业课程的实践教学内容和教学模式进行优化调整，强调课程教学的实用性和实践性。我校（玉林师范学院，下同）高职服装设计专业的学生多是应届高中生，他们缺少经验，学习目的不明确，美术基础深浅不一，实际的动手能力较差。学校根据学生的特点设置了基础课程和专业课程，突出实践教学、实训课程和毕业设计、就业岗位培训和专业实习等课程，注重知识的应用性，有针对性地加强实践教学的比重，并取得了很好的效果。

首先，通过素描、色彩与图案等基础课程的学习，提高学生的审美能力和造型能力。其次，通过服装设计、服装结构制图、服装缝纫技术等专业课程的实践教学进行基础的操作技能训练。再次，通过开设综合性与设计性较强，且实践内容突出的服装专题设计、服装 CAD、服装实训课程和服装毕业设计等实验课程，进行专业综合技能的训练，提高学生的综合素质，培养学生的创新能力和表现力。我校服装设计专业的实践课程教学学分达到总学分的百分之四十。教学内容从单一的实验教学拓展为设计与实验相结合的综合性和创新性实验。最后，增设就业岗位培训和专业实习课程。学生通过在校几年的学习掌握了基本技能，但缺少经验，无法快速地适应工作需要。学生通过参加就业岗位培训和到企业实习，充分利用各种交流机会，有选择性地学习强化相关的知识，不断调整和完善自己。

2. 校企合作，建立校外实习基地

校内实践教学环境主要以学校的实验室为主，相对封闭而且条件有限，抑制了专业的整体发展和学生综合能力的培养。为了解决校内实训基地不足的问题，扩展学生校外专业实习的空间，学校努力拓展建设校外实习基地，加强与企业的合作与交流。目前学校与广东某服装有限公司建立了合作关系，将其发展为校外稳定的实习基地，形成校企长期合作的良性机制。学校根据企业的需要确定教学目标，调整培养方案，开展教学活动，偏重综合实践教学环节，重视理论与实践的密切结合，促进学生实践能力的培养。学生通过挂职和顶岗实习，参与到企业的运作过程中，熟悉岗位职能，提高工作能力，为就业、择业积累了宝贵的经验。学校将企业的服装设计师、版型师、生产管理人员、技术工艺师等技术骨干聘为专业的指导教师。这些人员具有非常丰富的实践经验，可以帮助学生快速转换角色，并获得许多在课堂上无法获得的知识。

事实证明：校企合作模式培养的学生已经具有了企业所需的技能，并且能够很好地适应企业的工作。

3. 实行双证书制度

高职服装设计专业实行双证书制度，即学历证书与职业资格证书并重，是高职院校主动适应劳动就业需要，推动人才培养模式改革和提高人才培养质量的重要举措。随着市场经济的快速发展，各个企业对从业人员素质的要求越来越高，特别是对高级实用型人才的需求更讲究“适用”“效率”和“效益”，要求应职人员职业能力强，上岗快。这就要求高等职业院校的毕业生在读书期间就要完成上岗前的职业

训练，具有独立从事某种职业岗位工作的职业能力。双证书制度正是基于此而探索的教育模式，职业资格证书是高职毕业生职业能力的证明，谁持有的职业资格证书多，谁的从业选择性就大，就业机会就多。

4. 注重教师素质的培养

要培养出具有实践能力的高素质、高水平的人才，学校在教育教学过程中不仅要注重对学生的培养，还要重视对教师的素质和教师团队的素质的培养。

首先，教师团队的建设需要同专业的教师实现教学资源共享，这样大家才能取长补短，通过彼此之间的交流，制定出最适合教学的方案。其次，给予教师足够的发展空间和自我展示的机会，激发教师提高自身素质与水平的积极性，大力培养青年教师的综合素质，鼓励他们积极参加培训。也可以从企业选拔优秀的技术骨干或吸引具有高学历、高职称的双师型教师来学校任职。再次，学校与相关企业、工厂挂钩，轮流选派我们的专业课教师到工厂、企业挂职培训，使教师能在工作中得到学习和锻炼，提高实践能力；鼓励老师直接参与挂职单位的工程设计和科研项目的开发，使教师能够了解到最新的知识和信息充实自己，以便更好地引领和教育学生。

5. 实践教学中应该注意的问题

（1）服装设计专业是艺术设计学科中实用性较强的设计专业，服装设计专业的性质要求设计者具有扎实的绘画基础和较强的实践操作能力。我校服装设计专业学生在升学前大多没有美术基础，实际的动手和绘画能力较差。因此，在课程安排中应着重加大专业课课程力度，提升学生审美能力和造型能力。同时，时刻关注社会的需求动态，以便于及时对课程项目进行调整，满足企业的发展需要。

（2）在专业实习和毕业实习过程中，由于学生的实践动手能力较差，缺乏工作经验，难免出现各种问题；同时，为了保证学生在实习基地的安全和学习效果，在校外实习过程中必须派遣专业教师随同学生一起实习，加强对实践环节的监控，以便于能够及时发现和处理各种突发情况。

（3）职业资格证书的分属单位包括劳动部门、教育部门、人事部门等，其中劳动部门的职业资格证书占 70% 以上。目前我校职业技术学院的学生考取的职业资格证书大多以中级为主，证书的等级偏低。与其他同类院校的学生相比缺少竞争机遇。

6. 结束语

社会发展需要高素质的复合型人才，玉林师范学院职业技术学院服装设计专业，以培养高素质的技术型和应用型人才为目标，根据社会的发展需要，调整教育教学模式，明确了坚持理论与实践相结合的发展方向，使学生毕业后能够尽快适应岗位的需要，成为社会发展建设的有力力量，对服装产业发展和服装高等职业教育的培养具有重要意义。

参考文献

[1] 周萍，等. 服装专业教学改革初探[J]. 河南职技师院学报：职业教育版，2001（1）.